無気力から立ち直る

「もぅダメだ」と思っているあなたへ

櫻井茂男 著

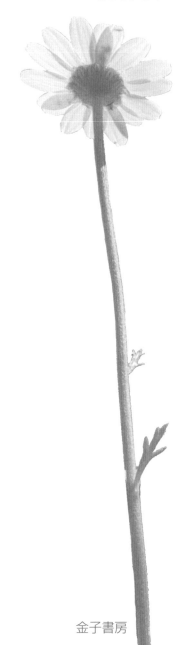

金子書房

まえがき

　「無気力」ということばを聞いて，あなたはどんなことを思い出すでしょうか。

　小学生のころ算数の問題がなかなか解けなくて，すっかり落ち込み無気力になったとか，あるいは中学生のころ仲良しだった友だちとの関係がこじれて孤立し，無気力から不登校になったとかの体験がよみがえってくる人もいるかもしれませんね。

　私はどうかといえば，高校生のころ教師に叱咤激励されて受験勉強をするものの，なかなかはかどらなくてイライラし，それが高じて無気力になりしばらく授業を欠席したことを思い出します。そのときは親友に助けられて窮状を脱し，苦痛ではありましたがなんとか受験勉強を続け大学受験に間に合いました。結果はみごと"不合格"でしたが，立ち直った経験は貴重なものとなりました。

　すなわち，無気力になることがあってもそこからはい上がり立ち直った経験があれば，再び同じような難事に遭遇しても「自分で何とかできる！」と思えるようになるのです。

　こうした経験などを通して，無気力はかならず克服できると考えるようにもなり，大学院の後半からは無気力の研究に従事してきました。

　そしてこのたび，無気力に関するこれまでの研究成果をまとめて出版するという企画を立ち上げ，それが実現しました。ひとつには若い研究者に成果をしっかり伝えたいという気持ちと，ふたつにはできるだけやさしく書いて一般の人，とくに無気力に悩んでいる人にも読んでもらいたいという気持ちからの出発でした。

　後者の理由により，できるだけ平易な文章で書きましたので，専門の研究者のなかには物足りなさを感じる人がいらっしゃるかもしれません。そのような人には，本書のなかで文献を適宜紹介していますので，そちらも参照していただければ幸いです。

それでは，以下では本書の構成について紹介します。

本書は Part 1 から Part 7 までの 7 つの Part で構成されています。

Part 1 の「私も無気力になりました！――あなたはどうですか？」では，無気力に関する，子どもと大人の事例そして比較的まれな事例のあわせて 12 の事例を紹介します。そのなかには，あなたの無気力によく似た事例があると予想します。事例は多岐にわたっており，しかも典型的なものが多いので，興味深く読めると思います。

Part 2 の「なぜ無気力になるのか？」では，これまでの心理学の研究から得られた知見をもとに，無気力の根本的な原因を探ります。キーワードになるのは，無力感，絶望感，無目標の 3 つです。具体的な実験・調査や事例も数多く紹介していますので，バラエティに富んでいてしかもわかりやすいと思います。ただ，学術的な記述もありますので，研究になじみのない人には辛抱強く読んでもらえるとありがたいです。

Part 3 の「どのような人が無気力になりやすいのか？」では，どのような要因をもっていると無気力になりやすいのか，を考えます。失敗の原因を自分の能力不足や性格の悪さに求める人，完璧主義の人，他者に認められることを強く求める人，スマホに依存している人などはとくに無気力になりやすいでしょう。詳しいことについてはこの Part をお読みください。

Part 4 の「どのような人が無気力になりにくいのか？」では，Part 3 とは反対に，無気力になりにくい人の要因を考えます。もっとも重要な要因は，努力すればかならずできるという効力感でしょうか。そのほかに，信頼できる人がいること，自分の学びや仕事をしっかりモニターしてコントロールできる「メタ認知」能力が高いこと，夢や将来の目標をもっていること，楽観的なことなどでしょうか。とくにメタ認知能力は最近よく見かける用語ですが，これもとても重要なので具体的に説明します。

Part 5 の「無気力はどのように測ればよいのか？」では，無気力，そして無気力の根本的な原因となる絶望感，無気力の対極となる効力感や有能感，無気力と関係する達成目標のもち方（熟達目標か遂行目標）について，ご自身で測れる質問票を紹介します。まずはトライしてみてください。そして自

分の無気力の程度などを科学的にとらえてください。これらは自分を知るよいツールとなるはずです。

　Part 6 の「無気力な自分や相手にどう対処すればよいのか？」では，これまでの知見を総合して，自分や大切な相手の無気力に対処するホットな（無気力を軽減する）方法と，親しくはないがつきあっていかなければならない相手（職場の同僚など）の無気力に対処するクールな（無気力の軽減をともなわない）方法を順次紹介します。だれもが無気力になりますし，無気力な他者はどこにでもみられますので，覚えておかれるとかならず役立ちます。

　Part 7 の「どうすれば無気力を予防できるのか？」では，できるだけ無気力にならず意欲的な生活が送れるように，効果的な予防策を提案します。効力感をもてるようにすること，他者と信頼関係を築くこと，目標をもつこと，心身ともに健康であることなどについて，具体的な例を示しながら提案します。最近注目されているセルフ・コンパッション（自分にやさしくなること）も大事です。

　本書の構成は以上のとおりです。

　それでは Part 1 よりお読みください。読み終わりましたら，ぜひともご感想やご意見をお聞かせください。

目次＊無気力から立ち直る──「もうダメだ」と思っているあなたへ

本文イラスト・装丁　mg-okada

Part 1

私も無気力になりました！──あなたはどうですか？

　落ち込んで，やる気がなくなってしまう無気力状態は，大人でも子どもでも誰もが経験する困った状態ではないでしょうか。私などはしょっちゅう無気力になります。ただし，回復するのは誰よりも早いと思います。

　さてこの Part 1 では無気力になった事例をいくつか紹介し，無気力になる状況の多様性を理解してもらいます。ただし，つぎの Part 2 で詳しく説明しますが，じつは無気力になる状況は多様でも，無気力になる原因ならびにそのメカニズムは限られています。Part 2 の説明を読まずにその原因やメカニズムがわかるのであれば，あなたは"無気力の専門家"といえるのではないでしょうか。どうぞ，ここでは原因やメカニズムを考えることに挑戦してみてください。

1．無気力とは何か

　無気力の事例を紹介する前に，無気力という状態について簡単に説明しておきます。

　無気力とは読んで字のごとく「気力がない状態」です。より平易に説明すれば「意欲が湧かない状態」や「積極的に物事をしようとする意欲が低い状態」となるでしょう。こうした説明のなかで，もっとも大事な点は"意欲が湧かない，意欲が低い"ということです。

無気力を具体的な状態としてとらえるために，心理学の文献（たとえば，嶋田・戸ヶ崎・坂野, 1994；鈴木ほか, 1997）を調べました。その結果，無気力を測定する具体的な項目が見つかりました。こうした項目を用いた無気力の測定方法については Part 5 で説明しますが，代表的な項目をここで紹介します。

　①やる気がしない，②がんばれない，③仕事や勉強が手につかない，④力が湧いてこない，⑤物事に集中できない，⑥根気がない。

　どうでしょう，無気力の状態をイメージしていただけましたでしょうか。

　ただ，こうした状況が深刻でしかも長く（2週間程度以上）続くような場合は，より重篤な「うつ病」と診断される可能性があります。本書では，そこまではいかない無気力の状態について取り上げることにします。

２．無気力の事例

　無気力の事例について紹介します。最初に子どもの事例を7ケース，つぎに大人の事例を3ケース，そして最後に少し珍しい事例を2ケース紹介します。私は発達心理学のなかでも人生の初期（乳幼児から中学生くらいまで）をおもな研究対象としていますので，はからずも子どもの事例が多くなりました。

　子ども時代に無気力な経験を多くしてそれが身についてしまうようであると，無気力がその後の人生にも暗い影を落とすことになりかねません。そうさせないために，読者のみなさんにはこころして読んでもらえるとありがたいです。

（1）子どもの無気力

【エピソード1】乳児は泣いてもかまってもらえないと無気力になる

　生後3か月の太郎君が気持ちよさそうに寝ています。

　しばらくすると，小さな声で泣きはじめました。赤ちゃんが泣くのは，おなかがすいたからミルクがほしい，おむつが濡れて気持ちが悪いから早く替

えてほしい，といったような生理的欲求に関係する理由が多いのですが，このときその泣き声を聞いて駆けつけてくれる人はいませんでした。

　しばらくすると，今度は少し大きな声で泣きはじめました。家のなかで家事をしていても聞こえる程度の泣き声なのですが，はやり太郎君のそばに来て面倒をみてくれる人はいませんでした。そうこうしているうちに，太郎君の泣き声が最大級になりました。これだけ大きな声で泣けば誰か来てくれそうなものですが，このときもそれまでと同様，誰も太郎君のそばには駆けつけませんでした。とうとう太郎君は疲れ果ててまた眠ってしまいました。

　こうした状況がしばらく続くと，太郎君は泣いて欲求を示すことはなくなりました。お腹がすいたからミルクがほしい，おしっこをして気持ちが悪いからおむつを替えてほしい，うまく眠れないから抱っこをしてあやしてほしい，といった自分の欲求，それは生きるために欠くことのできない重要な欲求なのですが，こうした欲求の充足を求めて泣くことがなくなってしまったのです。これはとても由々しきことです。

　太郎君はおそらく，自分の欲求を泣くことで表現してもだれもそれに応えてくれない，もう泣いても無駄である，すなわち自分の欲求を充足してくれる人はいないと暗黙裡に了解したものと予想されます。そして泣いても無駄なら泣かないということで静かになり，いわゆる無気力な状態になったものと考えられます。

　じつは，太郎君のお母さんは太郎君を出産した後にマタニティブルー（産後うつ）になり，太郎君の世話をすることが面倒に感じられるようになったのです。そのことに気づいたお友達のお母さんの対応によってすぐに治療がはじまり，快方に向かいました。さらに太郎君のお父さんやおばあさんの協力もあり，太郎君の無気力はひどくならずにすんだようです。いまでは以前のようによく泣いて自分の欲求を積極的に表現するようになり，おばあさんとお父さんが中心になってその欲求に対応しているそうです。太郎君は人生の最初期に，無気力にならずにすんでほんとうによかったと思います。こうした例は，波多野・稲垣（1981）にも紹介されています。

【エピソード2】幼児は自発性をはばまれると意欲がなくなる

　2歳6か月の友子（ともこ）ちゃんは，外で遊ぶのが大好きで，休みの日にはかならずといってよいほど，お母さんやお父さんにせがんで公園へ連れて行ってもらいます。ほとんどは一人遊びで，1時間でも2時間でも楽しく遊んでいます。

　じつは，友子ちゃんのお母さんには，最近とても困っていることがありました。それは友子ちゃんが外出するとき，靴を自分ではく！といってきかないのです。ひとりで靴をはくにはとても時間がかかるため，土日ならばよいのですが，仕事で忙しい平日の朝にはその余裕はありません。朝にその日一日面倒をみてくれるおばあちゃんの家に行くときは，友子ちゃんがどんなに自分で靴をはくと大声を出して叫んでも泣いてもかまわずに，お母さんが靴をはかせてしまうのでした。

　ところがどうでしょう，そうしたことが続くうちに，友子ちゃんは自分で靴をはかなくなり，靴をはくときにはお母さんがはかせてくれるまで待つようになったのです。さらにそれだけではなく，大好きだったお外での遊びにも興味を示さなくなりました。さすがにお母さんもびっくりです。あんなに積極的だった友子ちゃんが，無気力になってしまったのです。

　心配したお母さんは知り合いのお母さんに相談しました。そのお母さんによると，自分で靴をはきたかった友子ちゃんの思いを抑えつけてしまったために，やる気を失い無気力になり，靴をはくことだけでなく，外で遊ぶことにも興味や関心を失ってしまったのではないかということでした。友子ちゃ

んのお母さんもその説明に納得しました。

　子どもは自分でできそうなことに自ら挑戦しそして自分でできるようになると，自分でできることは自分でする（これを「自発的使用の原理」といいます）といってきかなくなる，という話を大学生のころ発達心理学の授業で聞いたことを思い出しました。友子ちゃんのお母さんはそうした素晴らしい意欲をつぶしてしまったために，友子は無気力になったのだ，と反省したそうです。

　その後，お母さんは友子ちゃんが大好きなピンク色の靴を購入し，友子ちゃんと一緒に時間をかけて靴をはくことの挑戦からはじめたところ，友子ちゃんはとても喜んで靴をはくようになり，外での遊びも復活しました。お母さんは友子ちゃんの靴をはく時間を考えて，かなり余裕をもって朝の時間を過ごすように工夫したそうです。

【エピソード 3】幼児は失敗を「ダメな子だから」と理由づけられると無気力になる

　2〜4歳の幼児は，多少の失敗では意欲をなくすことはありません。じつは，乳幼児には“万能感”のような感覚が備わっていて，がんばれば何でもできるようになる，と思っています（櫻井, 2017, 2019a）。人生の初期にこうした万能感があることは理にかなったことだと考えます。なぜならば，こうした万能感があるからこそ，乳幼児は多少失敗してもめげずに努力し，身の回りの生活に必要なことはほぼ習得できるからです。

　ただし，ときには無気力になることもあります。『マインドセット』という著書（Dweck, 2006）でわが国でも有名になったアメリカの心理学者ドウェックらの研究（Burhans & Dweck, 1995）からも，つぎのような事例は理解できます。

　3歳になった雄大君は，有名幼稚園への入園をめざして，お母さんと一緒に受験のためのトレーニングをすることになりました。先輩のお母さんから1日も早いトレーニングが大事であると聞いて，お母さんは早速本屋に出向き，受験対策の参考書や問題集を大量に購入し，雄大君と問題を解く練習を

はじめました。

　最初のころは，問題がやさしいため簡単に解けていた雄大君も，難易度が上がるにつれて解けないこと（失敗）が増えてきました。お母さんも最初は「雄大はよくできるね！　とってもいい子ね！」といってほめていましたが，状況が一変して解けなくなると「もっとがんばろうね！」と励ますことが増えました。ところがその解けない状況が続くうち，お母さんもストレスがたまりイライラしてきて「雄大はダメな子ね！」と罵倒するようになりました。日に日に，"ダメな子"といわれる回数が増えるようになると，雄大君はそのことばとともに落ち込むようになりました。雄大君はまだ3歳ですが，自分の能力やパーソナリティを否定されるようなフィードバックを頻繁に受けることによって無気力になったのです。

　日に日に明るさが消え，食欲もなくなってきた雄大君の様子にお父さんが気づきました。仕事から帰るといつもは「おかえりなさい！」といって雄大君が出迎えてくれたのですが，それがまずなくなり，雄大君が大好きなカレーライスもあまり食べなくなったのです。妻に理由を問いただすと，受験勉強がうまく進んでいないことに原因があるように思われました。そこで夫婦でしっかり話し合い，受験対策専門の塾に入り，適切なトレーニングを受けることに落ち着きました。入塾後は次第に元の雄大君に戻り，家庭での生活も楽しく送れるようになりました。また，塾でも友達ができ，トレーニングも順調に進んでいるという報告があったそうです。

　さきのドゥエックらの実験によると，幼児でも「悪い子」「ダメな子」などといったパーソナリティや能力を否定されるようなフィードバックを頻繁に受けると無気力になる可能性が高いということです。いくら万能感をもっていても，こうしたフィードバックへのディフェンス効果は弱いようです。

【エピソード4】子どもは過保護にされると無気力になりやすい

　5歳児の智樹君は，幼稚園でのお絵かきが大好きで，園バスで幼稚園に到着するとすぐさま先生から画用紙をもらって，いつものクレヨンで絵を描きはじめます。お父さんもお母さんも美術大学出身で絵を描くことを奨励して

います。

　ただ，最近智樹君はだんだん絵を描くことが少なくなってきました。幼稚園に到着しても先生にすすめられれば絵を描きますが，そうでないと積み木で遊ぶことのほうが多いのです。どうしてなのか先生は不思議に思いました。智樹君に話を聞いてみると，以下のようなことがわかりました。

　それまでは家でも楽しく絵を描いていたのですが，2週間くらい前から，お母さんが"教育ママ"のような対応をするようになったのです。たとえば，縁日の金魚すくいで智樹君が釣ったかわいい金魚の絵を描こうとしたら，「それは智樹には難しすぎるからこのリンゴの絵を描きなさい。色をよく見て描くのよ！」と指示をしたため，リンゴの絵を描くことになったというのです。その後もこのような調子で，智樹君が描こうとする題材に対してこちらのほうが適切という感じでほかの題材を提示したようです。このようなことが続くうちに，智樹君は絵を描くことがおもしろくなくなり，とうとう絵を描くことをやめてしまいました。意欲を失ってしまったようです。

　エピソード2のように，養育者の都合で子どもの自発的な行動を阻止してしまうこともありますが，この事例のように，養育者が子どものために良かれと思ってすることでも，それが過保護な対応で子どもの自発性を抑えてしまうと，その結果として子どもにやる気を失わせてしまうこともあるのです。親御さんにはこのことを理解してほしいと思います。得てして，この事例のように自分が美術大学出身で絵の専門家であるというような自負がある場合には，その専門性が不適切にはたらいて過保護となる場合が多いように思われます。

【エピソード5】子どもの成績をほかの子どもと比べると無気力になりやすい

　小学3年生の世奈（せな）ちゃんは，算数がどちらかといえば苦手です。それでも，先生やお母さんの励ましで，学校では一生懸命授業を聞き，わからないところは先生に聞いてがんばっています。家ではお母さんに見てもらいながら算数の宿題をしています。そのようにして，算数が苦手でも大した問題にはならずに過ごしていました。

　ところが，4年生になり算数の問題も一段と難しくなりました。これまでと同様に一生懸命取り組んではいましたが，それでもついていくのが精一杯という状態になりました。そんなある日，算数のテストがあり世奈ちゃんのまわりのクラスメイトが点数の見せ合いをはじめました。世奈ちゃんは62点で，よい成績とはいえませんでしたが，みんなが見せ合っているので「まあこのくらいの点数なら見せてもいいかな？」と思い，点数を見せました。

　見せてみたら，まわりのクラスメイトはほとんどが80点以上で，100点も2人いました。世奈ちゃんはびっくりすると同時に，恥ずかしくそして悲しくなりました。「私はこれだけ一生懸命やっても，みんなにかなわない」と思い，落胆しました。ただ，それでもまわりのクラスメイトにバカにされないようにと，とっさに「昨日は熱があって勉強ができなかったの」と言い訳をしました。しかし，そうした言い訳をしたことで，自分がもっとみじめになったように感じました。やがて算数へのやる気が失せてしまい無気力になったようです。

　さきにも説明しましたが，幼児期は万能感のような感覚があるため，課題がうまくできなくてもまたがんばればできるようになると思い，簡単には無気力になりません。小学校低学年でもまだその傾向が続いています。それゆえ，世奈ちゃんのように努力すれば，それなりの成績が取れ，授業にはついていけたわけです。

　ところが，どんなにがんばってこれまでよりもよい成績を取っても，クラスメイト（他者）と成績を比べたり比べられたりして，自分の成績のほうが劣っていることがわかったり，それを指摘されたりすると，小学3，4年生

にもなると劣等感に陥り次第にやる気が失せ，無気力になるようです。いわゆる他者と比べるという“相対評価”によって自分の劣位がはっきりすると無気力になるのです。

　また，クラスメイトとの間だけでなくきょうだいの間でも同じようなことが起きます。親や教師から「お兄ちゃんはよくできたなあ！」といわれた弟や妹は，無気力になることが多いといいます。私どもの研究（桜井・桜井，2001）からもそのようなことが示唆されています。

　なお，世奈ちゃんはその後，得意な国語ではよい点が取れてクラスのなかでは上位にいること，苦手な算数では点数は低いけれども努力すれば何とかやっていけることを理解してどうにか無気力状態から脱しました。教師は，世奈ちゃんに「だれでも得意な教科と苦手な教科はあるので，苦手な教科でも一生懸命努力していれば何とかできるようになるよ」といって，サポートを続けているようです。

【エピソード6】子どもは「自分をサポートしてくれる人がいない」と思うと無気力になる

　中学2年生の茂君は，お父さんの転勤によって地方の中学校から都会の中学校に転校してきました。都会での生活ははじめてでまだ勝手がよくわかりません。日常で使うことばにもなまりがあり，都会の子どもには少々違和感があるようでした。

　転校してしばらくしても友達らしい友達ができません。茂君は内気な性格なので，以前の学校でも友達は多いほうではありませんでしたが，それでも2，3人の友達と仲良くやっていました。転校した学校では当然ですがすでに友達関係ができていて，茂君がそうした友達の輪に入ることは難しい状況でした。

　転校して2か月が過ぎても友達ができませんでした。生物の授業ではグループで学習する機会があり，そのときはグループにうまく入れてもらえず右往左往しました。そうこうしているうちに，茂君は「自分はクラスになじめないダメな人間だ」「こんな自分を助けてくれるようなクラスメイトはい

ない」と思うようになりました。さらにそうした気持ちが高じて無気力状態
となり，夏休み前には不登校の一歩手前までいきました。

　そうしたおりクラス担任が動き，茂君と同じような性格で，茂君と友達に
なれそうな学君にサポート役を頼みました。学君はその役目を喜んで引き受
け，目立たないように茂君をサポートしはじめました。一緒に下校したり，
一緒に趣味の話をしたり，一緒のグループになって活動したりしました。そ
の結果，茂君は「自分をサポートしてくれる友達ができた！」ということ
で，少しずつ元気になり，不登校ぎみの状況を脱することができました。

【エピソード7】高校生は将来の目標がもてないと無気力になりやすい

　高校2年生の優香さんは県内でも有数の進学校に通っています。中学の成
績はトップクラスであったため，苦労することなくいまの高校に合格しまし
た。志望校を決める前には悩むものですが，彼女の場合にはそうしたことも
なく，親や先生のすすめで大学受験に有利ないまの高校に決まりました。そ
れゆえ，合格したときにも大した喜びはなかったようです。

　高校1年生のときは大学受験まで時間があるということから，部活に熱中
しました。幼いころから習っていたダンスで県大会までいくことができまし
た。自分では「最高の1年」と思っていましたが，2年生になると，クラス
メイトの間で大学進学のことがたびたび話題となり，自分でもどうすればよ
いか，考えざるをえなくなりました。

　これまで自分の将来についてしっかり考えることはありませんでした。そ
れはこれまでの進路はすべて親や先生が決めてくれていたからです。しかし
ここにきて，進学するには自分の将来のこと，とくにどんな職業に就きたい
のか，を考えざるをえなくなったのです。「自分探し」をはじめ，自分が何
に適していて，何をしたいのか，などについて考えはじめました。考えはじ
めるとそれが止まらなくなり，うつうつとする日が続きました。

　さらに，最近は仲のよいクラスメイトのほとんどが志望校をほぼ決めてい
ることがわかり，あせりました。日々の生活が楽しくなくなり，日々の勉強
にも身が入らなくなりました。母親から「優香さん，どうしちゃったの？

体調でもよくないの？」などといわれると，自分の気持ちを理解してくれない母親に腹がたち，なおさら落ち込み，何も手がつかないような無気力な状態となりました。このままでは，不登校にもなりかねないと思い，意を決してダンス部の先輩の敦子さんに相談することにしました。

　敦子さんは３年生なので，すでに志望校が決まり受験勉強に忙しかったのですが，優香さんのことを思い，時間をとって何回も相談に乗りました。敦子さんが自分のときのことを例にして話をしているうちに，優香さんは興味・関心や性格，適性などについて自己分析を進め，やがて将来は心理カウンセラーになりたい，と考えるようになりました。ネットでどのような学部に進学すればよいのかを調べ，ある大学の心理学部を受験することに決めました。

　将来の職業や志望校が決まると，優香さんは以前のような明るさを取り戻し，日々の生活も日々の勉強もしっかりこなすようになり，そして受験のための勉強にはとくに熱心に取り組みました。将来の目標が決まれば，やればできるという気持ちがある限り，悶々とした無気力の状態を脱していきいきとした毎日が戻ってくるようです。素晴らしいことです。

（２）大人の無気力

　つぎは大人の事例です。あなたにあてはまる事例もあるでしょうか。

【エピソード８】仕事で失敗が続くと無気力になる

　新入社員の岡本さん（男性）は，新人研修もそこそこで実務を担当するこ

とになりました。入社前はしっかりとした研修があるという触れ込みだったのですが，実際に入社してみると研修はほんの少しの期間で，すぐに先輩社員と同様に現場の実務を担当することになりました。この時点で彼は会社に不信感をもちました。会社はコンピュータのプログラムを開発しそれを販売することをおもな業務としており，彼の仕事は販売するプログラムの説明や苦情の処理が中心でした。

　研修が十分ではないまま実務に入ったため，販売先での対応に苦慮することが続きました。先方からの苦情が絶えず，上司からは「岡本の対応が遅い」といわれ，いたたまれない状況になりました。3か月ほどこうした状態でもがんばりましたが，結局，気力も体力も消耗し無気力となり引きこもるようになりました。職場の同僚も彼をうまく助けることができなくて，とうとう彼は入社4か月で退職することとなりました。これ以上続けていても状況が好転することはなく，この会社にいても自分の未来はないものと判断したようです。その後，しばらく休養し，お父さんの上司のすすめで別のコンピュータ会社に就職しました。この会社では新人研修をしっかり受け，熱意をもって仕事に励んでいるそうです。いまのところ失敗が続くようなことはありません。

　失敗が続き，自分ではどうしようもない状況となり，しかも上司や同僚の支援が得られない状況では，退職という判断がよかったのだと思います。ブラック企業ということばが一時はやりましたが，まさにそのような企業には要注意です。

【エピソード9】職場の人間関係が悪いと無気力になりやすい

　某市役所に勤める佐々木さん（女性）は，入庁から3年が経ち，この4月になじみの福祉課から人事課に異動（部署替え）となりました。入庁後の3年間は周囲の上司や同僚の気遣いもあり，さらに大学で得た知識やスキルもうまく使えたため，順調に仕事ができました。

　ところが，人事課に移った途端，無気力になってしまい，たびたび休暇をとっています。じつは佐々木さんは，中学生のころから周囲の人が自分のこ

とを否定的に評価しているのではないかと強い懸念をもつようになっていました。心理学ではこうした状態を「（否定的）評価懸念」とよびますが，人事課に移って以来，この状態が顕在化してきました。

　それまでの福祉課では大学で得た知識やスキルが役立ち，さらに課長も小さなミスにはおおらかに対応してくれたので，ある意味自信をもって仕事を進めることができました。同僚もやさしく対応してくれました。しかし人事課では，同課で有効に使える知識やスキルが乏しく，同僚に教えてもらう機会が増えたため，自分に対して否定的な評価をするとともに，他者も自分のことを否定的に評価しているのではないかと危惧するようになりました。佐々木さんがもっとも堪えたことは，上司である課長が仕事にとても厳しく小さなミスでも大きな失敗であるかのように反応することで，これが彼女の評価懸念を助長しました。また同僚との関係も萎縮したものになっていました。新しい同僚との人間関係を形成する前に，佐々木さんは無気力となり，登庁が難しくなったのです。

　しかしいち早くその状態に気づいた元の福祉課の友人が彼女の相談に乗り，庁内のカウンセラーにつなぎ，カウンセラーや上司が中心となって課内の人間関係を調整し，さらには彼女とのカウンセリングを定期的に行うことによって，佐々木さんの無気力は改善されていきました。カウンセラーは，どこの会社や役所でも配置されるようになりましたが，よい仕事をしています。

　佐々木さんのように，無気力になりやすいパーソナリティの持ち主もいますので，まわりの人は気をつけてあげることが必要です。

【エピソード10】忙しすぎると無気力になる

　50歳の誕生日を迎えたばかりの浅野さん（男性）は，会社では営業部長として多くの仕事をこなし，私生活では高齢になった母親と父親の世話（介護）に奮闘していました。

　浅野さんは一人っ子で，大学卒業後は結婚をせずにひとり身でずっと仕事に励んできました。営業の仕事が大好きで天職と思っていました。48歳の

とき，母親が認知症と診断され，父親が母親の面倒をみたいということになり，自分も自宅に戻り父親と一緒に介護をすることになりました。母親への恩返しの気持ちが強かったようです。

　ところが，2年もしないうちに父親が母親の介護に疲れ果て，自分も認知症の予備軍となり，さらに足腰が弱くなり介護が必要な状態になってしまいました。それでも最初のうちは，会社の仕事も，夜や休日の両親の介護も何とかこなしていましたが，4か月も経たないうちに疲れがたまり，無気力状態（うつ病に近い状態）になってしまいました。多くの仕事をして，残りの時間を二人の介護に充てることには無理があったのです。

　会社の医務室で診てもらったところ，しばらく休養したほうがよいという診断をもらい，1か月ほど自宅で療養することになりました。両親の介護については，これまで親身になって支援をしてくれたケアマネージャーと相談し，当分の間は介護施設で預かってもらうことにしました。

　浅野さんはしっかり休むことができ，1か月で健康状態を取り戻し，仕事にも徐々に復帰することができました。両親の介護については新たな介護施設を見つけ，そこで面倒をみてもらうことにしました。親思いの浅野さんには自分が面倒をみてあげられなくて申し訳ないという気持ちが残りましたが，その気持ちを週2度の面会によって勘弁してもらうことにしてがんばりました。いまも仕事をしながら，平日の忙しくない日と土曜日か日曜日には，かならず施設を訪ねるようにしているそうです。

　どんなに思いやりがあり親思いでも，無理をすると共倒れになってしまい

ます。無気力状態も短期で終わってよかったと思いますが，自分ができる範囲でそれも継続できる範囲で親の介護もしないといけないのだと思います。

（3）こんな無気力もある

　つぎはまれにみられる事例です。

【エピソード11】ダイエットをして無気力になる
　真紀子さんは今年26歳になるOLです。仕事にそれほど興味があるわけではありませんが，給料が高く安定した会社なので，このままずっと勤めたいと考えていました。会社内には仲のよい友達もおり，昼時にはいつも楽しく話をしながら食事をしています。OL生活を謳歌している，といってもよい状態でした。

　ところが，どうしたことか6か月前から体重が増えはじめ，本人はいままでと変わらない食生活をしているつもりでしたが，年齢とともにお肉がつきやすい時期を迎えたようなのです。そこで，彼女も御多分にもれず，より細見の体型をめざしたダイエットをはじめました。友達から「太った？」といわれる前にやせてしまうことが，彼女のプライドを保つためにはとても重要でした。

　ダイエット効果が大きいと評判のダイエット食やダイエット飲料を大量に購入し，意気込んでダイエットをはじめました。ダイエット食を基本にして，お腹がすいても我慢をして少量のダイエット飲料を飲み，気分が悪くなっても小休止して何とかしのぎ，1か月ほどがんばりました。ダイエットをはじめて1週間後には1.5キロ減量できたので，この調子で続ければ1か月もすれば少なくとも5キロは減量できると思っていましたが，予想に反して2.5キロの減量で終わりました。また，鏡に映る自分の姿を見て，何だか老けたようにも感じました（疲れがでていたのではないでしょうか）。「どうしたのだろう，こんなはずではなかったのに！」と真紀子さんは思いました。

　そこで"今度こそは"と決意してさらに1か月間続けましたが，思うよう

には減量できませんでした。からだの調子も何となくおかしくなり，顔もより老けたように見えました。2か月も我慢してがんばったのに，どうして元のようなスリムな体型に戻らないのかと悩み，深い絶望感におそわれました。

　真紀子さんはしばらくは立ち直ることができませんでした。お母さんのすすめで心療内科を受診しました。その結果，少しずつですが平静を取り戻し，医師や栄養士の指導のもとに極端な方法ではなく日常的に無理のない方法で多少の減量をめざすことになりました。

　ダイエットは若い女性にとって大きな関心事であると思いますが，しっかりした指導のもとで行うことが前提です。また，不適応的な完璧主義が強い場合（櫻井, 2019b）には拒食症や過食症というような摂食障害になることもありますので，さらに注意が必要です。最近は男性も女性と同様に無理なダイエットをする人が増えているようです。気をつけましょう。

【エピソード12】完璧な育児をめざして無気力になる

　仕事をしながら子育てをしているお母さんは多いように見受けます。仕事と育児の両立は難しい課題ですが，それでも父親や祖父母の協力を得て，立派にそして巧みに両立させているお母さんも多いのではないでしょうか。節子さんもそのひとりになるはずでした。

　しかし，節子さんには子どもを立派に育てなければならない，という大きなプレッシャーがありました。夫の実家は旧家の本家であるため，後継ぎとしての男の子を立派に育てなければならないというプレッシャーが暗黙裡にかけられていたのです。節子さんはできるだけ気にしないようにしてきましたが，実際に男の子が誕生してみると，そのプレッシャーを強く感じずにはいられませんでした。祖父母は訪ねてくるたびに「立派に育ててくださいね」と繰り返したのです。さらに完璧主義傾向の強い節子さんには，できるだけ理想的な子育てをしたいという気持ちもあり，さきのプレッシャーはいっそう強くなったようです。

　仕事をしっかりやりながら立派で理想的な子育てをしたい，という重圧に

抗しきれず，仕事も子育てもうまくいかなくなり，しだいに無気力になっていきました。しばらくは何とか堪えていましたが，とうとううつ病に近い状態となり医師の判断で休養を余儀なくされました。仕事を休み，育児は自分の実家の母と夫の実家の母にお願いしました。夫もそれまで子育てに協力できなかったことを悔い，二人の祖母とともに育児に励みました。

　こうした対応が功を奏し，二人の祖母と夫はうまく連携して育児をするだけでなく，よく話し合い，節子さんの気持ちも理解するようになりました。そして3週間ほどで節子さんのうつ状態も軽減し，まず子育てに戻り，そして仕事にも復帰しました。ただ，育児については夫と協力し，立派な子育てをしなければならないというプレッシャーが強くならないように工夫しました。夫の両親も子育てについては二人に任せることにしました。

　一人っ子の多い時代。旧家の後継ぎでなくても立派に育てなければいけない，という意気込みはどんなお母さんにもあるように思います。それが高じて育児に疲弊し，無気力になってしまうことも多いように感じます。まずは夫との協力が重要であるように思います。

　さて，無気力の事例として12のエピソードを挙げましたが，無気力になる原因，それも表面的ではなくて根本的な原因は何でしょうか。まずはご自身で考えてみてください。

　少しヒントをあげましょう。

まず子どもの事例では，泣いてもかまってもらえない，自発的な行動を制止される，ダメな子といわれる，やりたいことができない，他者と比べると自分はできない，見捨てられている，無目標が，無気力の原因になっているように思います。

　つぎに大人の事例では，失敗が続く，見捨てられている，忙しすぎる，さらにまれな事例では，絶望感やストレスが，それぞれ無気力の原因になっているように思います。

　以上から，より根本的な原因を予想してみてください。

　〈回答例〉として，「無力感」「無能感」「絶望感」といった類の要因，それに「無目標」「ストレス」「身体的疲労」といった要因が考えられるのではないでしょうか。

■引用文献

Burhans, K. K., & Dweck, C. S.（1995）. Helplessness in early childhood: The role of contingent worth. *Child Development, 66,* 1719-1738.

Dweck, C. S.（2006）. *Mindset: The new psychology of success.* New York, NY: Random House. 今西康子（訳）（2016）. マインドセット──「やればできる！」の研究　草思社

波多野誼余夫・稲垣佳世子（1981）. 無気力の心理学──やりがいの条件　中公新書

櫻井茂男（2017）. 自律的な学習意欲の心理学──自ら学ぶことは，こんなに素晴らしい　誠信書房

櫻井茂男（2019a）. 自ら学ぶ子ども──4つの心理的欲求を生かして学習意欲をはぐくむ　図書文化社

櫻井茂男（2019b）. 完璧を求める心理──自分や相手がラクになる対処法　金子書房

桜井登世子・桜井茂男（2001）. きょうだいのストレスに関する基礎的研究　筑波大学発達臨床心理学研究, *13,* 45-52.

嶋田洋徳・戸ヶ崎泰子・坂野雄二（1994）. 小学生用ストレス反応尺度の開発　健康心理学研究, *7,* 46-58.

鈴木伸一・嶋田洋徳・三浦正江・片柳弘司・右馬埜力也・坂野雄二（1997）. 新しい心理的ストレス反応尺度（SRS-18）の開発と信頼性・妥当性の検討　行動医学研究, *4,* 22-29.

Part 2

なぜ無気力になるのか？

　Part 1 では 12 の無気力になった子どもや大人の事例を紹介しましたが，あなたやあなたの身近な人にあてはまるような事例はありましたでしょうか。また Part 1 の最後で，こうした無気力になる原因について問いかけましたが，何かひらめいたことはありましたでしょうか。

　この Part 2 では，そうした無気力をもたらす重要な要因とそれらによる無気力発生のメカニズムについて，これまでの研究を参考にしながら説明します。

　要因として挙げるのは，失敗やいじめ，ストレスなどのネガティブな事態を自分の力ではどうすることもできないという思いである「無力感」，それが将来にわたって続くという思いである「絶望感」，さらにやる気の一要素である目標が設定できないという「無目標」の 3 つです。なお，この Part 2 で使用される用語の解説を一覧表（表 2-3）にして Part の末尾に示しました。読み進めながらあわせてご参照ください。

　なお，この Part 2 での説明を十分に理解してもらえれば，無気力にならないため，あるいは無気力を改善するための処方箋は，比較的容易に描けるのではないかと期待しています。

1．無気力を引き起こす3つの要因

　無気力を引き起こす重要な要因は3つあり，そのうちのひとつが「無力感」です。まずは図2-1をご覧ください。

　無力感（helplessness）とは，ネガティブな事態（たとえば，失敗やいじめ，ストレス）を自分の力ではどうすることもできないという思いです。学問的には，ネガティブな事態に対して，自分の力ではコントロールできない，対処できないという認知とされます。

　自分の力ではコントロールできないことを「統制不可能性（uncontrollability）」とよぶことがあります。この用語を使うと，無力感とは「ネガティブな事態における統制不可能性の認知」ということができます。心理学の本にはよく登場しますので，ここで覚えておかれるとよいでしょう。

　無気力を引き起こす二番めの要因は「絶望感（hopelessness）」（図2-1参照）です。Part 1の事例でも無気力は一定期間続くことが多かったと思いますが，無気力の継続に必要なのは無力感の継続であり，それが絶望感です。絶望感とは簡単にいえば，これからもずっと無力感が続くであろうという思いのことであり，学問的には，将来にわたって①ネガティブな事態が続き，

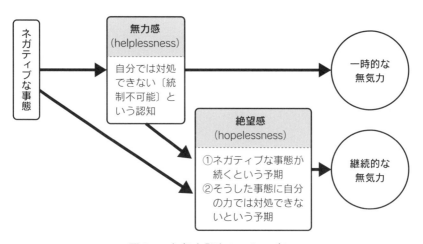

図2-1　無気力発生のメカニズム

②そうしたネガティブな事態を自分の力ではコントロールできないという予期のことです。

　ところで，このようなとらえ方をすると，無気力とは「無力感あるいは絶望感によって引き起こされるよくない症状のひとつで，意欲が低下した状態」と表現することができます。無力感や絶望感によって引き起こされる症状は意欲の低下だけでなく，①身体的な疲労や頭痛といった身体的反応，②悲観的になる，不安になる，怒りっぽいといった感情的反応，③自己肯定感や自尊心が低下するといった心理的反応，そして④引きこもり，不眠，反抗といった行動的反応もあります。

　なお，無力感や絶望感が形成される際にとても重要な役割を担うものは「原因帰属（causal attribution）」です。この場合の原因帰属は，ネガティブな事態の原因を何に求めるかということですが，能力不足に求めると無力感や絶望感が形成されやすく，努力不足に求めると無力感や絶望感は形成されにくいといわれます。

　さて，無気力を引き起こす三番めの要因は「目標がもてないこと（無目標）」です。これは心理学における動機づけのとらえ方から導きだされます。無力感や絶望感がない場合，あるいはその反対でやればできるという「効力感」がある場合でも，目標がもてない無目標の状態であると，行動のうえでは何もしないという無気力と同じ状態になります。

　中学生や高校生のなかには，将来の目標がもてないために，勉強はやればできると思えても，勉強に手がつけられなくてくすぶっているような生徒さんをよく見かけます。また大学生のなかにも，自分にはどんな職業が適しているのかと「自分探し」をしているが，いつまでたっても結論がでず，その結果，将来の目標がもてない状態が続き，就職活動をすればしっかり就職できる力をもちながら，ふらふらしているような人を何人も見てきました。

　他者から与えられた目標でもよいのですが，目標が設定できないとやる気は実現されません。やる気を実現させるためには，やればできるという効力感とともに目標の設定が必要なのです。

　無気力を引き起こす3つの要因のうち，まずは「無力感」と「絶望感」の

2つをともに取り上げ，そのつぎに「目標がもてないこと（無目標）」を取り上げます。

2．無気力の原因となる「無力感」と「絶望感」

（1）セリグマンらの巧みな実験

　1967年に刊行されたセリグマン（Seligman, M. E. P.）とその協同研究者による論文（Overmier & Seligman, 1967；Seligman & Maier, 1967）を契機にして，心理学の世界における無気力の研究は急激な進歩をとげました。彼らは巧みな動物実験によって，「学習された無力感（学習性無力感）」が無気力のみなもとになることを証明しました。私はこの実験を知り，心理学の世界にもじつに頭のよい研究者がいるものだと感嘆しました。

　セリグマンらは，イヌを被験体に実験をしました。そしてどんなことをしても避けることができない電気ショック（統制不可能なネガティブな刺激）を何回も繰り返し与えられたイヌが，その後電気ショックを避けることができる別の場面に置かれても，電気ショックを避けようとせずに甘んじて受け続ける現象を発見し，こうしたイヌの状態を「学習性無力感（learned helplessness）」と名付けました。

　代表的な研究（Seligman & Maier, 1967）で，もう少し詳しく説明しましょう。実験の対象となったのは24匹のイヌで，実験には三群法（triadic design）という計画法が用いられました。図2-2をご覧ください。イヌは，①パネル押し成功群（専門的には随伴群という。以下同様），②パネル押し失敗群（非随伴群あるいはヨークト群という），③無処置群（対照群ともいう）の3群に分けられました。そして前2群には前処置が施され，その後3群ともに電気ショックを回避する訓練が行われました。

　前処置では，ハンモックにつるされたイヌに60回程度の電気ショックが与えられました。パネル押し成功群のイヌは，パネルを押すことで電気ショックを止めることができましたが，それでもかなりの量の電気ショック

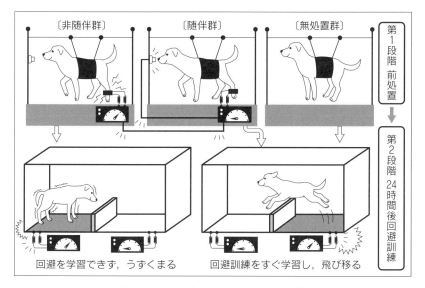

図 2-2　セリグマンとマイアーの実験
（Seligman & Maier, 1967：櫻井, 2009 より転載）

を受けました。一方，パネル押し失敗群のイヌは，自分がパネルを押しても
電気ショックは止めることができず，パネル押し成功群と同じ，すなわちパ
ネル押し成功群と同じタイミングで同じ強さで同じ量の電気ショックを受け
るように設定されていました。このような設定のことを「ヨークト（yoked）」
といいます。

　前処置の 24 時間後，回避訓練が 10 回行われました。回避訓練では，イヌ
はシャトル箱（図 2-2 に描かれているように，右と左のスペースを行ったり
来たりできる箱）に入れられ，信号の 10 秒後に電気ショックがくるように
設定されていました。柵を飛び越えてもう一方のスペースに移れば，電気
ショックを避けることができます。回避（電気ショックがくる前に移動し，
電気ショックを避けること）あるいは電気ショックがきてからの逃避に失敗
した場合，電気ショックは最大 60 秒間続きました。1 回の試行は 60 秒で打
ち切られ，その時点で回避あるいは逃避に失敗したと判断されました。

　実験の結果は，図 2-3 に示されたとおりです。回避訓練で柵を飛び越える

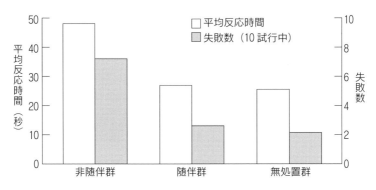

図 2-3　回避訓練での平均反応時間と失敗数 (Seligman & Maier, 1967)

までの平均反応時間（逃避に失敗した場合は 60 秒として計算されている）
と 10 回中の失敗の回数が示されています。いずれの指標でも，パネル押し
失敗群がほかの 2 群よりも明らかに平均反応時間が長かったり，失敗の回数
が多かったりしました。パネル押し失敗群では，平均反応時間は打ち切り時
間である 60 秒に近く，失敗数も 7 回程度（最多は 10 回）であり，この群の
イヌの多くは電気ショックからの回避あるいは逃避に失敗しているといえま
す。また，同様の結果は 1 週間後の再訓練でも認められました。すなわち学
習性無力感は継続されたのです。

　この実験によって，前処置で受けた電気ショックのタイミングや強さや量
ではなく，どんなことをしてもネガティブな刺激である電気ショックからは
逃れられない（統制不可能である）経験が無力感を形成したものと理解され
ました。

　しかしその後，前処置で受けた "統制できないネガティブな電気ショッ
ク" が継続して 60 回も与えられたという点から，①ネガティブな刺激が続
くという予期と，②そうしたネガティブな刺激から逃れられない（統制不可
能）であろうという予期によって「絶望感」が生じ，その結果として実験直
後のみでなく 1 週間後も無力であったと考えられるようになりました。当初
の実験から 20 年ほどを経て絶望感を中心とした理論（たとえば，
Abramson, Metalsky, & Alloy, 1989）が登場しました。

　少し横道にそれますが，「絶望感」ということばは，私には少々大袈裟な
ことばのように感じられます。もちろん，うつ病等で自殺念慮をもたらすよ
うな場合には絶望感ということばが適当であるのかもしれませんが，無気力
をもたらすような軽度の場合にはもう少し穏やかなことばである「失望感」
のほうが適切なのではないかと考えたりもします。みなさんはどのように判
断されるでしょうか。

（2）学習性の無力感・絶望感は人間でも生じる

　イヌで生じた学習性無力感あるいは絶望感は人間でも生じるのでしょう
か。セリグマンの共同研究者の一人であるヒロト（Hiroto, 1974）はこの問
題を，大学生を対象に類似した実験で検討しました。この実験では，電気
ショックの代わりに30回程度の不快な雑音が，前処置の後に実施される回
避訓練の代わりに課題遂行テストが，用いられました。

　その結果，さきのセリグマンらのイヌの実験と同様，不快な雑音を自ら統
制できなかった群の課題遂行成績がもっとも悪いという結果が得られまし
た。こうした結果によって，人間でも統制できないネガティブな刺激（この
場合は不快な雑音）が続くと，無力な状態になることが確認されました。ま
た，不快な雑音のような生理的にネガティブな刺激だけでなく，成功できな
い（統制できない）認知課題でも同じように無力な状態になることが見出さ
れました（たとえば，Hiroto & Seligman, 1975）。

　しかし，その後の人間を対象とした研究では無力な状態にならないケース
（たとえば，Roth & Bootzin, 1974）も報告され，人間の場合には無力感や絶
望感の形成にはさらに何らかの要因が関係しているという予想に基づいて研
究が続けられました。この何らかの要因とは「原因帰属」です。これについ
てはのちほど詳しく説明します（4．人間の「無力感」と「絶望感」は原因
帰属で決まる，を参照）。

（3）課題達成の重要度と無力感・絶望感の形成の関係

　上記で紹介した2つの研究は実験研究ですので，使用された課題の重要度

はほとんど考慮されませんでした。しかし現実の学習場面や仕事場面を想定すると，連続する失敗から抜け出して成功に至ることが自分にとってどのくらい重要であるか，すなわち課題達成の重要度が無力感や絶望感の形成に大きく影響することが考えられます。そこで，以下ではこうした観点から3つの場合に分け，無力感や絶望感の形成との関係をまとめます。

〔課題達成の重要度が低い場合〕

　自分にとって「どうでもよい」課題でその達成に失敗し，そのような失敗事態が続く場合を想定してみてください。このような事態は失敗と判断されないことも多いのですが，それでも気分がよいとはいえません。

　たとえば，大学生が進路決定に影響のない教科のテストで悪い点を取り続けているような場合や，ある友人に無視され続けているけれどもその友人とはとくに親しくならなくてもよいと思っている場合です。このような場合には，その事態を改善することは自分にとって重要とは考えられないため，ネガティブな事態が続くと予想されたとしても，無力な状態にはほぼならないと考えられます。

〔課題達成の重要度が中程度の場合〕

　自分にとって「どうでもよくない」課題でその達成に失敗し，そのような失敗事態が続く場合はどうでしょうか。このような事態がネガティブな事態と判断されることは確かです。

　たとえば，大学での進級に影響しないけれども，卒論の指導教員を決める際には影響があるとされる教科で悪い点を取り続けている場合や，上司による仕事の評価にはそれほど影響しないけれども，同僚や後輩による評価にはかなり影響するような仕事でミスをし続けている場合です。このような場合には，その事態を改善することがそれなりに重要となるため，尽力してもさらに失敗が続くようであれば，自分ではどうしようもないと無力感や絶望感を感じることになるでしょう。

　なお，上記の例で，もし“周囲の”学生や同僚が同じような失敗を続けているようなことがわかれば，みんなが同じように失敗しているのだから自分も失敗して当然だというとらえ方もできるため，なかにはとりたてて無力感

や絶望感を感じない人もいるでしょう。みんなと同じならば失敗しても怖くない，と考える人たちです。

〔課題達成の重要度が高い場合〕

　最後に，自分にとって「とても重要な」課題でその達成に失敗し，そのような失敗事態が続く場合を考えてみましょう。このような事態はとてもネガティブで気分が相当に悪く，早急に事態の改善が必要といえるでしょう。

　たとえば，大学生が成績評価に強く影響するテストで悪い点を取り続けている場合や，大事な仕事で大きなミスが続いている場合です。このような場合には，その事態を改善することがとても重要であるため，事態が改善されないまま続く場合には，強い無力感や絶望感を感じることが予想されます。

3．ストレスや身体的疲労でも「無力感」や「絶望感」は引き起こされる

（1）ストレスの基本的なとらえ方

　ストレス（stress）ということばは日常的によく使われますが，2つの意味で使われることが多いと考えられます。図2-4の上部の「ストレスの基本的なとらえ方」をご覧ください。

　ひとつは「いやな出来事」であり，もうひとつは「いやな出来事によって引き起こされる心身のよくない症状」です。

　たとえば，数学の試験勉強に失敗して成績が可（優・良・可・不可の4段階評価の可）になり，とても落ち込んだという場合，いやな出来事は，試験勉強や試験での失敗と成績が可になったことであり，いやな出来事によって引き起こされるよくない症状とは落ち込んだことです。

　こうした日常的な出来事（以下，「日常的ないやな出来事」という）に関するストレスもあれば，人生上の大きな出来事（以下，「人生上のいやな出来事」という）に関するストレスもあります。後者の人生上のいやな出来事の例としては，親の転勤にともない転校を余儀なくされた結果，転校先の中

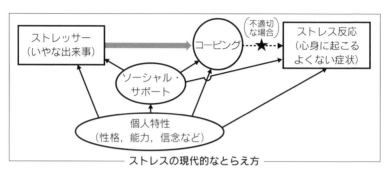

図2-4　ストレスのとらえ方（桜井, 2005 を改変）
注）★に「無力感・絶望感」が入ると考えられる。

学校で友達との関係がうまく築けず，引きこもりになった場合が挙げられる
でしょう。このような例では，いやな出来事は転校先での新たな対人関係が
うまく築けなかったこと，そうした出来事によって引き起こされた心身のよ
くない症状は引きこもったことです。

　図2-4にも示されているとおり，心理学ではいやな出来事を「ストレッ
サー（stressor）」，いやな出来事によって引き起こされる心身のよくない症
状を「ストレス反応（stress response）」とよびます。したがって，ストレ
スというのは，ストレッサーからストレス反応に至るプロセスを指し，スト
レッサーもストレス反応もストレスの一部といえます。

　なお，一般的に人生上のいやな（比較的嫌悪度が高い）出来事によって引
き起こされるストレス反応は重いものが予想されます。一方，日常的ないや
な（比較的嫌悪度が低い）出来事によって引き起こされるストレス反応はそ
れほどではありませんが，そうした出来事が続いて積み重なると，強いスト
レッサーとなり，重いストレス反応を引き起こします。その意味では日常的
ないやな出来事であっても見逃すことはできません。

（2）ストレスについての実証的研究

　ここではストレスの研究例として，小学生を対象に日常的ないやな出来事である「学校ストレッサー」とストレス反応との関係について検討した研究（嶋田・岡安・坂野，1992；嶋田・岡安・浅井・坂野，1992）を紹介します。

　この研究では，小学 4 ～ 6 年生 1,300 名ほどを対象にして，学校ストレッサーとストレス反応との関係を調査しました。まず学校ストレッサーについては，学校生活で経験率の高いいやな出来事を集め，その結果をまとめて質問紙を作成しました。表 2-1 をご覧ください。この表には「先生との関係」「友人関係」「学業」「叱責」の 4 つの領域に分けて，経験率の高いいやな出来事が上位 3 つずつ示されています。

　これとともに原案の調査項目も参照すると，「学業」と「友人関係」でのいやな出来事の経験率が相対的に高いといえます。学業領域のなかでは，嫌いな科目の授業，わからない問題での指名がいやな出来事の上位を占めています。また，学業領域に入らないものでも，たとえば「先生との関係」に関

表 2-1　小学生の学校ストレッサーと各項目の経験率

（嶋田・岡安・坂野，1992 より作成）

学校ストレッサー項目	経験率（%）
〔先生との関係〕	
・先生が，よくわけを聞いてくれずに怒った	55.8
・先生が，相手にしてくれなかった	55.3
・先生が，えこひいきをした	46.5
〔友人関係〕	
・友達にいやなあだ名や悪口をいわれた	81.4
・友達とけんかをした	81.3
・誰かにいじめられた	65.8
〔学　業〕	
・嫌いな科目の授業があった	83.9
・授業中，わからない問題をさされた	80.3
・新しい勉強をおそわって，たいへんだった	74.7
〔叱　責〕	
・先生にしかられた	88.6
・忘れ物をして，先生にしかられた	74.5
・残り掃除や，残り勉強をさせられた	62.1

しての相手にしてもらえなかった経験,「叱責」に関しての先生にしかられた経験や居残りをさせられた経験は,学業のストレッサーと強く関係しているといえるでしょう。

　このようにみてみると,小学校高学年の子どもたちは学業に関連したストレッサーを頻繁に経験していると考えられます。些細なストレッサーであっても積もり積もれば強いストレッサーになるでしょう。なお,中学生の場合(たとえば,岡安・嶋田・丹羽・森・矢冨,1992)には「学業」のストレッサーがその経験率においてほかのストレッサーを凌駕しています。

　つぎに,ストレス反応について説明します。この研究では,ストレス反応を「不機嫌・怒り」「抑うつ・不安」「無力感」「引きこもり」「身体症状」の5つの領域に分けて測定しました。それぞれの領域における代表的な内容を挙げると,「不機嫌・怒り」はイライラしている,怒りっぽい,「抑うつ・不安」は気持ちが沈んでいる,なんとなく心配である,「無力感(本書でいう無気力に相当)」はやる気がしない,がんばれない,「引きこもり」は一人でいたい,学校へ行く気がしない,「身体症状」は疲れやすい,頭がくらくらする,というような内容でした。

　それでは,本題の4つの学校ストレッサーがどのようなストレス反応を引き起こすのかについて,みていきましょう。図2-5をご覧ください。

　この図を見ると,第一に「友人関係」のストレッサーがすべてのストレス反応に影響していることがわかります。中学生(たとえば,岡安ほか,1992)でも同じですが,友人関係がうまくいかないと広い範囲に不適応症状が現れるようです。

　さらに,「先生との関係」のストレッサーは不機嫌・怒りに,「学業」のストレッサーは無力感(内容的には本書でいう無気力)に影響を与えていることがわかります。これも十分うなずける結果です。先生との関係でいやなことが続けば,子どもはおもにイライラしたり怒りっぽくなったりしますし,授業でいやなことが続けば,おもにやる気がなくなったり,がんばれなくなったりするということです。

　叱責からの矢印がないのは,その影響がほとんどないことを示していま

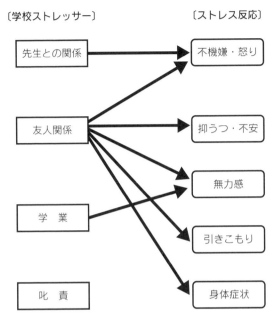

〔学校ストレッサー〕　　　　　〔ストレス反応〕

図2-5　小学生の学校ストレッサーとストレス反応の関係
（嶋田・岡安・浅井・坂野, 1992 より作成）

す。叱責のようなストレッサーは，大人が予想するほどには子どもに大きな
ストレス反応を引き起こしていないようです。

　なお，分析ではストレッサーからストレス反応へという影響は確かにあり
ますが，その影響力は全体的にみればそれほど強いものではありませんでし
た。のちほど説明しますが，ストレッサーにうまく対処できたり，周囲の人
に助けてもらったりすることで，コーピング（対処）が適切に行われた場合
には，ストレッサーの影響はだいぶん軽減されるでしょう。この点も理解し
ていることが大切になります。

（3）ストレスにおける無力感・絶望感の位置づけ

　さて，読者のなかには図2-4の「ストレスの基本的なとらえ方」を一瞥し
てパッとひらめいた方もおられると思いますが，これは前述した学習性無力
感によって無気力が形成されるプロセス（図2-1参照）とよく似ていません

か。ストレッサーをネガティブな事態に，ストレス反応を無気力に対応させると，この図の矢印の真ん中（★印のところ）に「無力感・絶望感」を挿入すれば，ほぼ同じプロセスになります。

　ストレスの現代的なとらえ方（図2-4の下部）はのちほど説明しますが，いまのところそのとらえ方のなかにも「無力感・絶望感」は登場しません。しかし，無力感や絶望感を上記のように位置づけると，ストレッサーが無力感や絶望感を経てストレス反応のひとつである無気力を引き起こすという流れとなり，ストレスについての考え方と学習性無力感についての考え方はほぼ同系であることがわかります。じつは学習性無力感の研究では無力感や絶望感がある種のうつ病につながる可能性を早々に予測し，当時さかんに研究されていたストレス理論をうまく取り込んで進化させました（たとえば，Abramson et al., 1989）。それゆえに同系ということになるのです。

（4）ストレスの現代的なとらえ方とそのメリット

　さて，上記の「基本的なストレスのとらえ方」はその後の研究によって「現代的なストレスのとらえ方」に発展しました。前掲の図2-4の「ストレスの現代的なとらえ方」をご覧ください。

　さきに紹介した「ストレスの基本的なとらえ方」と比べると，3つの要因が追加されています。それらは，①コーピング（対処），②ソーシャル・サポート（社会的支援），③個人特性で，ストレッサーとストレス反応の間に介在し，ストレッサーがストレス反応に及ぼす影響を左右する要因となっています。

　ひとつめのコーピング（対処）は，これまでは"対処行動"ということが多かったのですが，現実的には"行動"だけでなく認知による対処も含まれますので，コーピングと称したほうが適切です。認知によるコーピングとしては，いやなことを考えないようにする，仕方がないからあきらめる，というようなコーピングがあります。

　ストレッサーが発生しても，それにうまく対処できればストレス反応を引き起こさずにすみますので，コーピングはストレス反応に直接影響を与える

重要な要因です。コーピングとしてはつぎのようなものがあります。

①積極的対処：問題の解決に向けて積極的に取り組むこと。

②思考回避：問題について考えることをやめること。

③サポート希求：周囲の人に援助を求めること。

④あきらめ：仕方がないとあきらめること。

このうち，①と③はおおむね適切なコーピングであり，重大なストレス反応にはつながらないでしょう。一方，②は一時的なコーピングであり，④はどちらかといえば最終的に不適切な結果をまねくコーピングといえます。

二つめのソーシャル・サポート（社会的支援）は，周囲の人たちからサポートされていることです。具体的には，いやなことが起きたときに頼りになる人がいるとか，そうした人に助けてもらえるということです。

ただ，これまでの研究では，実際にサポートをしてくれる人がいなくても，本人が誰かにサポートされていると思うことができるのであれば，すなわち「ソーシャル・サポート感」をもつことができれば，ストレッサーを重く受け止めることは避けられるため，その分重いストレス反応に至る可能性は低いといわれます。もちろん，自分一人では解決が難しいストレッサーが発生して他者の介入が不可欠な場合には，こうしたソーシャル・サポート感だけではどうにもならないでしょう。現実的なサポートが必要になります。

三つめの個人特性とは，その人がもっている個性のことです。具体的には，パーソナリティ（たとえば，悲観的あるいは楽観的な性格や過敏あるいは鈍感な性格），能力（たとえば，知的能力や運動能力），信念（たとえば，効力感・有能感や完璧主義的な志向）などが含まれます。そして，これらは図 2-4 に示されているとおり，ストレッサーの認知，ソーシャル・サポートのあり方，コーピングのあり方，そしてストレス反応の程度に影響を与えます。

たとえば，過敏な性格の人を想像してみてください。ストレッサーは感じやすくさらに重くとらえやすく，ソーシャル・サポートは受けにくいと予想されます。また，過敏ゆえに見通しをもったコーピングは難しいかもしれません。そのため，ストレス反応は生じやすく，ストレス反応が生じてから

も，その症状に一喜一憂し，回復が遅れることも予想されます。

「ストレスの現代的なとらえ方」を説明しましたが，ご理解いただけましたでしょうか。この現代的なとらえ方においても「ストレスの基本的なとらえ方」と同様に，図式に「無力感・絶望感」を挿入するとしたら，もちろんコーピングの後で，［不適切な場合］の点線の真ん中（★印のところ）の位置になります。いろいろなコーピングを試みたけれども最終的にどのコーピングもうまくいかず，結果的にいやな出来事を解消（あるいは少なくとも改善）することができなかった後に生じるのが，無力感や絶望感であるからです。

ところで，ここで学習性無力感のとらえ方と類似したストレスのとらえ方をあえて取り上げたのには理由があります。それは現代的なストレスのとらえ方における諸要因を見れば一目瞭然です。ストレッサーをはじめコーピング，ソーシャル・サポートあるいはソーシャル・サポート感，個人特性といった要因に関する情報が，ストレス反応のひとつである無気力の程度を予測したり，自分で自分の無気力を軽減したりあるいは自分で他者の無気力を軽減してあげたりする際に，とても役立つからです。学習性無力感の研究は実験研究が中心なのでそこまでは至りません。

詳細は Part 6「無気力な自分や相手にどう対処すればよいのか？」で説明しますが，無気力の改善や意欲の増進につながる要因を具体的に検討し，その要因をターゲットにして無気力な人に対処することができます。それゆえ，ストレスの現代的なとらえ方はとても有意義なのです。

（5）身体的疲労

ストレスについての先駆的な研究で知られるカナダの生理学者セリエ（Se-lye, H.）は，ストレッサーのひとつとして身体的疲労を挙げました。

しかし，現在のストレス理論では，ストレス反応のひとつとしてとらえることが多くなっています（たとえば，嶋田・戸ヶ崎・坂野, 1994）。確かに，いやな出来事によって身体的に疲れることは多いと思われます。たとえば，いやな数学の問題を数多く解かされたり，精神集中が必要ないやな仕事を長

時間やらされたりすれば，身体的に疲れることは避けられません。

　ただ，こうした身体的疲労を一次的ストレス反応ととらえ，その一次的ストレス反応がつぎには二次的ストレッサーとなって無気力などの二次的ストレス反応が生じるととらえれば，身体的疲労はストレッサーとして位置づけることができます。ただし，通常の一次的ストレッサーとは違うという点で，ここでは身体的疲労も単独で無力感や絶望感を引き起こし，その結果として無気力を生起させる要因になりうると考えておきます。

　さらに，身体的疲労はかならずしもいやな出来事（ストレッサー）によって引き起こされるとは限りません。たとえば，スポーツは好きなのに"やりすぎて"身体的な疲労となったり，いまの会社の仕事は希望して就いたのに"忙しすぎて"身体的な疲労となったりすることもよくあることではないでしょうか。その意味では，身体的疲労をかならずしもいやな出来事（ストレッサー）によって生じるストレス反応としてとらえる必要はないように考えます。

　また，日常的にはやりすぎたり，忙しすぎたりしなくても身体的疲労が生じることはあります。ただ，上記のように多くの場合はやりすぎることや忙しすぎることが問題です。この点はしっかり押さえておく必要があります。とくに自分で自分の無気力に対処しようとする際には重要なポイントになります。

4．人間の「無力感」と「絶望感」は原因帰属で決まる

（1）原因帰属とは何か

　すでに説明したとおり，セリグマンらの学習性無力感や絶望感の研究では，人間を対象にした場合には必ずしも無力感や絶望感が形成されないことがわかりました。その後の研究によって，人間の無力感や絶望感の形成には「原因帰属」が重要な役割を果たすことが見出されました。

　じつはこの原因帰属という要因はその当時，達成動機づけの研究（たとえ

ば，Weiner, 1985）で用いられた人気の要因であり，学習性無力感や絶望感の研究では，その研究成果を人間の無力感や絶望感の形成に巧みに応用し発展させたという経緯があります。

　さて本題に入りますが，人間はかしこいので仕事や学習での失敗，いじめのようなストレス（いやな出来事），そして身体的な疲労といったネガティブな事態が生じたり，そうした事態が続いたりすると，どうして失敗したのか，どうしていやな思いをしているのか，どうして疲れているのか，というようにネガティブな事態に陥った原因を探求します。もちろんさきに説明したとおり，そのネガティブな事態の改善が自分にとって大事であれば，その原因の探究はかならずなされるでしょう。それは改善されないと自分が窮地に追い込まれるからです。

　一般に，成功や失敗といった事態の原因を探求し，何かに求めることを「原因帰属（causal attribution）」といいます。たとえば，試験でよい点が取れたのは，試験勉強を一生懸命した（努力した）からだとか，先輩にいじめられるのは，自分の性格が悪いからだとか，さらには身体的に疲れているのは，突然会社の同僚が休暇をとりその同僚の分まで仕事をしなければならなかったからだ，というようにてす。こうした例では，その原因は順に「努力不足」「性格の悪さ」「突然の仕事量の増加（そのもとになるのは同僚の突然の休暇）」に求められます。

　こうした原因には4つの観点（心理学では「次元」ということが多いので，以下では次元とします），すなわちその原因は①コントロールできる原因か，それともコントロールできない原因か（統制可能−不可能性の次元），②安定していて変わらない原因か，それとも変わりやすい原因か（安定−変動性の次元），③広い範囲に及ぶ一般的な原因か，それとも限られた範囲の特殊な原因か（一般−特殊性の次元），④自分の内側にある原因か，それとも外側にある原因か（内在−外在性の次元）といった観点であり，これらによってその後の期待（予期）や感情などが大きな影響を受けます（たとえば，Weiner, 1972, 1979）。もちろん，無力感や絶望感も決定的な影響を受けることになります。

　ここでは失敗などのネガティブな事態を中心に，原因帰属が無力感や絶望感の形成にどのように影響するのか，具体的にみていきましょう。

（2）原因帰属と無力感・絶望感の形成との関係

　学習性無力感や絶望感の研究では，図2-1に示されているように，ネガティブな事態を自分ではコントロールできないと認知したときに無力感が生じます。ネガティブな事態をコントロールできないという認知は，ネガティブな事態をもたらした「原因」を自分ではコントロールできないという「統制不可能性」の認知がそのもとになっています。これが大事なポイントです。それゆえ，ネガティブな事態の原因帰属において，その原因を統制不可能な要因に求めると無力感が生じ，そして少なくとも一時的な無気力が生じると予想します。

　さらにその原因が，将来も続くような「安定」した要因であれば，将来も同種の事態を自分ではコントロールできないため，ネガティブな事態が続くであろうという予期（図2-1参照）も起こり絶望感が生じるものと考えられます。そして継続的な無気力の発生も予想されます。

　また，その原因が，広い範囲に及ぶ「一般」的な要因であれば，生じる無力感や絶望感も広範囲になりますし，その原因が自分の「内側」にある要因（おもに能力や努力）であれば，自尊感情の低下をまねくと考えられます。自尊感情の低下は無力感や絶望感の形成に直接関係するわけではないようですが，その程度を深刻なものにする可能性は高いでしょう。

〔試験で悪い点を取った場合〕

　それではさきほどの原因帰属で示した3つの具体例を用いて，原因の4つの次元が，無力感・絶望感の形成にどのように関わるのかを考えてみます。

　最初の例では，試験でよい点を取ったというポジティブな事態を想定していましたが，ここではネガティブな事態である「試験で悪い点を取った」に修正して考えます。

◇コントロールできない要因であること

　それでは，自分ではコントロールできない要因とは何でしょうか。

この典型的な要因は「能力」で，この例の場合には「能力不足」となります。能力は一般に自分ではコントロールできない要因と考えられているため，無力感が形成されることになります。じつは多くの大人は能力を「変化しない固定したもの」ととらえます。これは「固定的能力観」といいます。こうしたとらえ方をすると，自分の能力は自分ではコントロールできないため，能力不足に帰属すると試験でよい点を取ることはできないと考えられ，無力感が形成されます。

　一方，子どもの場合には能力を，変化しない固定したものととらえないこともあります。能力は努力によって伸びるものというとらえ方（これは「可変的能力観」といいます）をする子どもの場合には，能力は努力によって改善できるので，たとえ能力不足に帰属しても無力感に陥ることは避けられるでしょう。もちろん，この場合には努力は自分でコントロールできる要因ととらえる必要があります。

　このような議論からわかるように，ネガティブな事態における「能力（不足）」への帰属は基本的に無力感をもたらします。そしてそれを避けるための典型的な原因帰属は「努力（不足）」への帰属です。

　◇安定した要因であること

　さて，「試験で悪い点を取った」というネガティブな事態の原因が能力不足に求められた場合，能力が変化しない固定したものであるという一般的なとらえ方に立てば，能力不足は安定した原因であり，将来的にもコントロールできないことが予想され，その結果ネガティブな事態も続くことが予想されます。結局，将来も続くネガティブな事態を自分ではコントロールできないという予期である絶望感が生じることになり，無気力も継続されることになるでしょう。

　このように，試験で悪い点を取った原因を能力不足に帰属した場合には，自分ではコントロールできない要因ということになるため無力感が生じ，さらに安定している要因ということになるため将来にわたって同種の事態をコントロールできずに失敗事態が続くであろうと考えることから絶望感も生じてしまうことになります。絶望感が形成されることで無気力も継続されま

す。

　◇一般的な要因であるか，限定された要因であるか

　さて，つぎは原因が広い範囲に及ぶ一般的な要因であるか，それとも狭く限定された特殊的な要因であるかという点です。この点も無力感や絶望感の形成に影響を与えます。

　「数学の試験で悪い点を取った」というネガティブな事態を考えてみましょう。この原因が能力不足に求められたとしても，①「数学の能力がないから」と限定的な能力に帰属する場合と，②「すべての能力がないから」と一般的な能力に帰属する場合では，無力感や絶望感が形成される範囲が異なります。①の場合には数学という教科に限定して無力感や絶望感が生じますが，②の場合には数学という教科を越えて多くの教科で無力感や絶望感が形成されることになります。無気力になった場合にも数学という狭い範囲で無気力になるのか，教科を越えて無気力になるのか，という違いがでてくるのです。

　原因帰属される要因が一般的か特殊的かによって，無力感や絶望感の形成される範囲，そして無気力の形成される範囲が決まります。学習一般に対して無気力なのか，それとも数学だけで無気力なのかは，この原因の次元によるのです。

　◇自分の内側にある要因であるとはどういうことか

　最後に，原因が自分の内側にある要因に帰属された場合には，自尊感情の低下がもたらされます。自分の内側にあるという表現は，英語では under the skin といいますが，これをアメリカ人の友達に教えてもらったときには妙に納得した経験があります。

　能力はもちろん自分の内側にある要因です。したがって，試験で悪い点を取ったことを能力に帰属すると，自尊感情が低下することが予想されます。それに対応して，無気力はその程度が深刻になることも予想されます。自分はダメな人間だと思うほど，無気力は深刻になるのです。

　以上の議論をまとめると，表2-2のようになります。ご確認ください。

表 2-2　失敗事態における能力帰属が無力感・絶望感の
　　　　形成等に及ぼす影響

原因の次元	無力感・絶望感の形成等
統制不可能性	無力感・絶望感の形成に寄与
安定性	絶望感の形成に寄与
一般性	無力感・絶望感の形成される範囲を決定
内在性	自尊感情の低下

〔先輩にいじめられた場合〕

　これまでは，試験で悪い点を取り，その原因を能力不足に帰属した例で，原因帰属と無力感や絶望感の形成との関係を説明してきました。ここでは，ストレスの例として挙げられている「先輩にいじめられるのは，自分の性格が悪いからだ」という例で，原因帰属と無力感や絶望感の形成との関係をみていきます。

　「性格」という要因は，前述した能力と同じように，自分ではコントロールできない，しかも安定した要因ですので，無力感も絶望感も形成されることになります。また，どちらかといえば一般的な要因ですので，先輩との関係だけでなくその他の友人との関係においてもいじめられる可能性があり，広い範囲の対人関係で無力感や絶望感が生じるでしょう。さらに，性格という要因は自分の内側にある要因なので，自尊感情が低下することも予想されます。

　このように，対人関係におけるストレスの原因を自分の性格の悪さに帰属すると，無力感や絶望感が形成されやすく，その結果として無気力にも陥りやすいと考えられます。

　少々横道にそれますが，さきの「試験で悪い点を取った」例，そしてここで挙げた「先輩にいじめられた」例において，無力感や絶望感が形成されやすいのは「自分の能力不足」や「自分の性格の悪さ」というような帰属でした。細かく要因を問えば，そうなると思います。

　ただ，こうした場面における自分の原因帰属の仕方を思い出してみると，課題達成場面でも対人関係場面でも，そこでの失敗やストレスを自分の能力

や性格というような個別の要因よりも，もっと大雑把な要因である「自分の
ダメさ加減」に帰属するように思います。「自分がダメだから」とか「自分
はダメな人間だから」というような帰属をすると，これはコントロールがで
きないと感じられ，しかも安定した要因の典型ですから，容易に無力感や絶
望感が発生し，さらにその結果として無気力になりやすいように感じます。

　心理学では原因帰属を厳密な要因で分析的に検討しますが，日常的なこと
を考えると「自分がダメだから」というような大雑把な要因がひょっとした
ら無気力を生みだしやすいポピュラーな要因になっているのかもしれませ
ん。

　さて，本題に戻ります。ここでの自分の性格への帰属を，たとえば「相手
の性格の悪さ」に帰属したらどうなるでしょうか。簡単にいえば，そうした
帰属によって自分に無力感や絶望感が生じたり，それらが無気力につながっ
たりすることはないと予想されます。しかし先輩からのいじめそのものが解
決されなければ，コーピングに失敗したということであり，その失敗事態に
対する原因帰属が行われることになります。もしその原因を自分の能力不足
に求めるのであれば，「試験で悪い点を取った」例と同様に，無力感や絶望
感が生じ，無気力が発生することになるでしょう。

　ただ，いわゆる自分の力ではコントロールできないこうした事態でも，他
者の力を借りれば（ソーシャル・サポートがあれば）対処できることもあり
ます。そうした「他者の力が借りられるように自分で対処すること」（「自発
的援助要請」といいます）は，広くみれば自分の力でコントロールするとい
う範疇に入ると考えます。この場合には無力感や絶望感を感じないこともあ
り，無気力につながらない可能性もでてきます（Part 5 参照）。

　ところで，さきに紹介した小学生の学校ストレスの研究（図 2-5 参照）で
は，ストレス反応のひとつである無力感（本書の無気力に近い症状）をもた
らす学校ストレッサーは「学業」と「友人関係」に関するものでした。上記
の 2 つの例で紹介した達成場面（試験で悪い点を取った場合）における能力
帰属と，対人場面（先輩にいじめられた場合）における性格帰属は，こうし
た結果につながるような原因帰属であると予想します。子どもに無気力をも

たらす典型的な原因帰属はこの2つではないかと想像しています。

〔身体的に疲労した場合〕

最後に，身体的な疲労の例として挙げられている「身体的に疲れているのは，突然会社の同僚が休暇をとり，その同僚の分まで仕事をしなければならなかったからだ」という例で，原因帰属と無力感や絶望感の形成との関係をみてみましょう。

身体的な疲労をもたらした原因が，同僚の突然の休暇による仕事量の増加であれば，この要因を自分でコントロールできるかどうかは，2つの点から判断されるでしょう。ひとつは突然の休暇という点であり，これはコントロールできないでしょう。無力感形成のベースができてしまいます。

もうひとつは，その休暇による同僚の仕事の分担ができるかどうかという点であり，分担ができないと判断されれば，コントロールはできないことになり，無力感が生じると考えられます。一方，分担ができると判断されれば，コントロールできるということになり無力感はそれほど生じないと予想されます。

また，もともとの原因は同僚の突然の休暇ですから，それは安定した要因ではありません。したがって，絶望感をもたらすことはないでしょうし，無気力が生じてもごく一時的な無気力ということになります。

結局，無力感や無気力は一時的なもので終わるのではないでしょうか。

（3）無力感・絶望感をもたらさない原因帰属とは

以上では，3種類のネガティブな事態における原因帰属と無力感や絶望感の形成との関係についてみてきました。最初の2つの例では無力感や絶望感が形成されることが予想されましたが，最後の身体的な疲労の例では無力感が形成されても一時的なものにすぎないことがわかりました。

それでは，こうした事態で無力感や絶望感が形成されない原因帰属とはどのようなものでしょうか。答えを端的にいえば，原因が統制可能であること，そして多くの場合にはその原因が変動することです（表2-2参照）。

さきの試験の例でいえば，試験勉強で「努力」が足りなかったから，いじ

めの例でいえば，いじめられないように「努力」や「自発的援助要請」が足りなかったから，と帰属することでしょう。いじめの場合にはすでに努力は限界だという場合も多いと思いますので，自発的な援助要請のほうがよいかもしれません。もちろんそのほかにもありますので，各自で考えてみてください。

　ところが，研究上は努力帰属をしていても，無気力になっている子どもや大人がみられます（たとえば，桜井, 1995）。おかしいですよね。じつは，努力が自分でコントロールでき，さらに変えられる要因として理解されていない可能性があるのです。本人が努力不足と回答しても，それは体裁のよい回答であり，実際には努力できなかったり，どのように努力をすればよいのかがわからなかったりするようなのです。そのため，無気力からは脱出できないのです。

　とくにわが国では努力をすることが美徳とされているため，このような回答が多いように思われます。でも，自分で無気力に対処する場合や大事な他者の無気力に対処する場合には真実を知らないとうまく対応できません。しっかり自分を見つめ，しっかり他者の気持ちを察することができれば，無気力の原因は自ずとわかるでしょう。

5．無気力の原因のもうひとつは「目標がもてないこと」

（1）動機における目標の役割と無気力の関係

　無力感や絶望感が形成されていなくても，すなわちネガティブな事態に対して自分の力で何とか対処できそうだ，という思いがあったとしても，これから取り組むことになる仕事や学習に対して自分なりの目標が設定できていなければそうした仕事や学習に集中できにくく，いわゆる無気力と同じ状態を呈することが多いといえます。つまり目標が設定されないと，やればできるという効力感があったとしてもそれは発揮されないということです。ここでは，そうした無目標による無気力状態について，動機づけ心理学における

重要な概念である「動機」について検討することから説明します。

　心理学では，やる気や意欲のことを「動機（motive）」といいます。動機とは「ある目標の達成に向けて行動を起こし，そうした行動を続けようとする推進力」のことです。動機づけ心理学では，動機はよく数学のベクトル量にたとえられます。図 2-6 をご覧ください。

　ベクトル量は矢印で示されます。矢印には「方向」と「大きさ」がありますが，これらを動機にあてはめると，方向とは目標のこと，大きさとは目標の達成に向けて行動を起こし推進する力の大きさのことです。後者の大きさはのちに紹介する効力感とおおいに関係します。意欲がない無気力のときは，大きさがゼロとなります。もちろん，このとき目標は設定できません。

　ただ，この大きさがゼロでなくても，目標が設定できないと行動は始発されません。この状態は"無気力"と同じような状態と考えることができます。繰り返しになりますが，やりたいという気持ちや，やればできるという気持ちはあっても，目標が定まらないと実際の行動は起こらないのです。やりたいとか，やればできるという気持ちがあるがゆえに，むしろ悶々とした"やりきれない"状態といってもよいでしょう。

　こうした状態は，現実には結構多いのではないでしょうか。たとえば，受験勉強はしたいのに志望校が決められずに悶々としているような状態，仕事はしたいのに上司が割り当てを決めてくれないのでとりかかれないというような状態です。

　また，子どもの学習についていえば，日々の学習の目標はあるのですが，将来の目標や夢がないため，いま一つ積極的に取り組めないという状態もこ

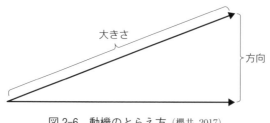

図 2-6　動機のとらえ方（櫻井, 2017）

れに似ているかもしれません。近年，動機づけの心理学では，キャリア発達との関連で「人生の目標」を設定することが重要であると指摘されていますが（たとえば，櫻井，2019, 2020），これと将来の目標や夢は大いに関係します。詳しいことはのちほど紹介します（Part 3「どのような人が無気力になりやすいのか？」）。

（2）目標設定による行動の開始

ところで，日々の身近な目標はどのように設定されるのでしょうか。もちろん，会社の仕事では上司が差配することが多いでしょうし，子どもの学習では基本的に教師が指示するでしょう。いずれにしても他者によって目標が設定され，本人がそれを受け入れ，やりたいとか，やらなければならないという気持ちが多少ともあれば仕事や学習は開始されるはずです。もちろん，まったくの無気力では無理でしょうが，多少ともやる気があれば可能です。

ただし，学校での学習の場合には，子ども自身が学ぶ内容に何らかの価値を見出せないと，こんな勉強が何の役に立つのか，というような思いによって開始されないこともあります。とくに勉強が不得意な子どもにはよくあることと思われます。たとえば，学校での学習は自分が将来教師になるのに役立つとか，学校での学習は日々の生活に役立つというような思いに至れば，学習は開始されやすくなるでしょう。このことについては Part 6 で詳しく説明します。

なお，他者によって設定され与えられた目標は，直近の仕事や学習では拘束力がある限り多少のやる気があればうまくはたらくでしょう。しかし，その質は高いとはいえません。やればよい，という程度の気持ちで関わるならば，質の高い仕事や学習は望めません。

一方，年長の子どもや大人がもつとされる将来の目標や人生の目標については，他者が設定してくれることは少ないため，本人が自ら設定しなければ長期にわたる学習活動や将来を見据えた仕事はなかなかはじめられないでしょう。いわゆる無気力の状態が続くように思われます。

たとえば，高校受験のために日々の課題のほかに受験のための勉強をする

ような場合，自分で納得できる受験校を決めなければ，受験のための勉強には手がつけられないでしょうし，会社の仕事の場合でも，昇進したいというような思いによって将来の目標（社長になりたいというような目標）を自らもたなければ，日々の仕事はただこなすだけで，ミスを犯したり納期が遅れたりしてまっとうな仕事ができないのではないでしょうか。

　そうした意味で，とくに将来の目標を自らもつことができなければ，将来を見据えた仕事や学習をはじめたり，さらには日々の仕事や学習においても積極的な関与によって質の高い成果を上げたりすることはできないように思われます。

６．原因がよくわからない無気力について

　ここまでは心理学の研究に基づいて，無気力の原因について説明してきました。原因のおもなものは無力感と絶望感そして無目標でした。しかし，私たちが経験する無気力には原因がよくわからない無気力もあるように思います。心理学の研究の限界かもしれません。

　たとえば，私は冬季になると無気力になることが増えるように思います。いわゆる「季節性のうつ」によるもののようです。原因はよくわかっていませんが，日照時間が不足し，脳内のセロトニンが不足するためではないかと推測されています。自分ではうまくコントロールできませんので，いつも困ってしまいます。

　さらに，読者のみなさんのなかにも経験される方が多いと思いますが，なぜかうまくやる気がでて仕事がはかどったかと思うと，その翌日にはやる気が失せて無気力となり，仕事は遅々として進まないというようなことも起こります。どうしてこうなるのか，と考えれば考えるほど仕事は進まなくなるから困りものです。身体的に疲れているわけでもありません。それゆえ原因はよくわかりません。意欲の高低にはリズムや周期があるとしか考えられません。私はこのような無気力になったときはしばらく気晴らしをして，ゆっくりと元の仕事に戻るようにしています。いまのところこれがベストの解決

法となっています。

　さらにもうひとつ,“スランプ”という状態になることもあるのではないでしょうか。一時的ではあるのですが,かなり長い期間調子がでなくなる状態で,無気力状態をともなうことが多いようです。しばらく順調にいっていた学習活動がどうしたわけかうまく進まなくなってしまったり,うまく弾けるようになったバイオリンソナタがどうしたわけかスムーズに弾けなくなったりします。これも原因はよくわかりませんが,しばらくすると元に戻ったり,あるいはよりよい調子になったりしますので,あまり考えすぎないほうがよいのかもしれません。しかし試験の直前に無気力になったり,演奏会の前に無気力になったりすると困ります。

　というわけで,無気力の原因には心理学で解明されているもの以外にもあることを理解してください。当然といえば当然ですが,それゆえに心理学で

表2-3　専門用語についての解説一覧

無力感（helplessness）：ネガティブな事態（たとえば,失敗やいじめ,ストレス）を自分の力ではどうすることもできないという思い。
　学問的には,ネガティブな事態に対して,自分の力ではコントロールできない,対処できないという認知。

絶望感（hopelessness）：これからもずっと無力であろうという思い。無力な状態が続くという予測。
　学問的には,将来にわたって,①ネガティブな事態が続き,②そうしたネガティブな事態に対して自分の力ではコントロールできない,対処できない,という予期。

統制不可能性（uncontrollability）：自分の力ではコントロールできないこと。
効力感（self-efficacy or efficacy）：努力をすれば（やれば）できるという思い。
無気力（apathy）：落ち込んで,やる気がない状態。
無気力の具体的な症状：①やる気がしない,②がんばれない,③仕事や勉強が手につかない,④力が湧いてこない,⑤物事に集中できない,⑥根気がない。
無気力の原因からの定義：無力感あるいは絶望感によってもたらされるよくない症状のひとつで,意欲が低下した状態。
動機の構成要素からとらえた無気力の状態：動機は目標と推進力（効力感）で構成されるが,そのうちの目標が設定できなくてくすぶっている状態。
ストレス（stress）：①いやな（ネガティブな）出来事によって,②心身によくない症状が生じること,あるいはこの2つの要素。
ストレッサー（stressor）：いやな（ネガティブな）出来事。
ストレス反応（stress response）：いやな（ネガティブな）出来事によって心身に生じるよくない症状。

は"意欲的に"無気力や抑うつの研究を続けているわけです。今後の研究に期待したいと思います。

　最後になりましたが，この Part 2 で使用された専門的な用語について解説一覧（表 2-3，前頁）を作成しました。参考にしていっそう理解を深めてください。

■引用文献

Abramson, L. Y., Metalsky, G. I., & Alloy, L. B. (1989). Hopelessness depression: A theory-based subtype of depression. *Psychological Review, 96,* 358-372.

Hiroto, D. S. (1974). Locus of control and learned helplessness. *Journal of Experimental Psychology, 102,* 187-193.

Hiroto, D. S., & Seligman, M. E. P. (1975). Generality of learned helplessness in man. *Journal of Personality and Social Psychology, 31,* 311-327.

岡安孝弘・嶋田洋徳・丹羽洋子・森　俊夫・矢冨直美（1992）. 中学生の学校ストレッサーの評価とストレス反応との関係　心理学研究, *63,* 310-318.

Overmier, J. B., & Seligman, M. E. P. (1967). Effects of inescapable shock upon subsequent escape and avoidance responding. *Journal of Comparative and Physiological Psychology, 63,* 28-33.

Roth, S., & Bootzin, R. R. (1974). Effects of experimentally induced expectancies of external control: An investigation of learned helplessness. *Journal of Personality and Social Psychology, 29,* 253-264.

桜井茂男（1995）.「無気力」の教育社会心理学──無気力が発生するメカニズムを探る　風間書房

桜井茂男（2005）. ストレスとは何か？　伊藤美奈子（編集）ストレスに負けないこころを育てる学校の取り組み（教職研修 2 月号増刊）(pp.12-26)　教育開発研究所

櫻井茂男（2009）. 自ら学ぶ意欲の心理学──キャリア発達の視点を加えて　有斐閣

櫻井茂男（2017）. 自律的な学習意欲の心理学──自ら学ぶことは，こんなに素晴らしい　誠信書房

櫻井茂男（2019）. 自ら学ぶ子ども──4 つの心理的欲求を生かして学習意欲をはぐくむ　図書文化社

櫻井茂男（2020）.「学び」のエンゲージメント──主体的に学習に取り組む態度の評価と育て方　図書文化社

Seligman, M. E. P., & Maier, S. F. (1967). Failure to escape traumatic shock. *Journal of Experimental Psychology, 74,* 1-9.

嶋田洋徳・岡安孝弘・坂野雄二（1992）. 児童における心理的学校ストレス尺度の開発　日本行動療法学会第 18 回大会発表論文集, 28-29.

嶋田洋徳・岡安孝弘・浅井邦二・坂野雄二（1992）. 児童の心理的学校ストレスとストレス反応の関連　日本健康心理学会第 5 回大会発表論文集, 56-57.

嶋田洋徳・戸ヶ崎泰子・坂野雄二（1994）．小学生用ストレス反応尺度の開発　健康心理学研究, *7*, 46-58.

Weiner, B.（1972）. *Theories of motivation: From mechanism to cognition.* Chicago, IL: Rand McNally.

Weiner, B.（1979）. A theory of motivation for some classroom experiences. *Journal of Educational Psychology, 71*, 3-25.

Weiner, B.（1985）. An attributional theory of achievement motivation and emotion. *Psychological Review, 92*, 548-573.

Part 3

どのような人が無気力になりやすいのか？

　Part 2 では，無気力がどのような要因によって，どのように形成されるのか，という問いに対して，おもに学術的な観点から説明をしました。

　この Part 3 では，そうした説明をベースにして，「無気力になりやすい人」の特徴について考えます。無気力になりにくい人の特徴については，Part 4 で考えます。

　誰もが同じように無気力になるわけではありません。同じ状況でも無気力になる人もいれば，ならない人もいます。そこで，無気力になりやすい要因の個人差について考えることになります。これより後の部分では，ご自身や身近な人を思い浮かべながらお読みいただくと，理解がより深まると思います。

1. 失敗の原因を自分の能力不足や性格の悪さに求める人は無気力になりやすい

　無力感や絶望感の形成に大きな影響を及ぼす原因帰属については，Part 2 で詳しく説明しました。そこでは，ネガティブな事態が生じた，ある"時点"におけるある"状況"についての原因帰属が問題とされました。いわゆる個別の原因帰属が問題とされたわけです。

　一方，人間はネガティブな事態に何回も出会ううちに，同じような原因帰

属をするようになります。たとえば，英語の試験での失敗を，ある人は努力不足に，別の人は能力不足に帰属しやすい，というようなことです。

　こうした個人にとっての安定した原因帰属，言い換えれば個人差としての原因帰属は「原因帰属様式あるいは原因帰属スタイル（causal attributional style）」とよばれます。この原因帰属様式は，無力感や絶望感の形成に「素因（diathesis）」として作用し，無気力へのなりやすさを左右します。素因とは，ある症状を起こしやすい素質のことです。この場合には，特定の原因帰属様式がそれにあたり，無気力になりやすい素質としてはたらきます。

（1）原因帰属様式と無気力の関係——大学生を対象にして

　原因帰属様式を理解するには，その測定法を理解することが早道だと思います。

　表3-1をご覧ください。この表には，大学生を対象に，①学業達成場面における失敗事態と②友人関係場面における失敗事態の，原因帰属様式を測定する質問紙の例（桜井，1995）が示されています。

　各場面における失敗事態は1つずつしか掲載されていませんが，実際には複数場面の失敗事態を用います。様式として測定するには，複数場面を用いることが大切になります。調査を受ける大学生はそうした場面における失敗事態を読み，その事態をしっかり思い浮かべ，その後に挙げられたいくつかの帰属要因が自分にどの程度あてはまるのかを回答します。なお，学業達成場面における9つの帰属要因と，友人関係場面における6つの帰属要因は予備調査で選ばれたものです。この表には帰属要因のほかに，2つの質問項目も掲載されています。場面の統制可能性と場面の重要性を問う質問です。

　つぎにこの質問紙を用いて無気力との関係を検討すると，その結果はとてもすっきりしていて，学業達成場面での「②能力の低さ」と「⑨要領の悪さ」への帰属傾向，友人関係場面での「②自分の性格の悪さ」と「⑥自分の容姿の悪さ」への帰属傾向が無気力を強め，一方，学業達成場面での「①努力不足」への帰属傾向は無気力を弱めるようにはたらきました。

　学業達成場面での能力の低さと要領の悪さという帰属要因，友人関係場面

における自分の性格の悪さと自分の容姿の悪さという帰属要因は，自分では統制不可能で安定した要因です。これらの帰属要因によって無力感や絶望感が高まり，その結果として無気力も強まることは，さきの Part 2 で説明したとおりです。帰属様式でも同様の結果といえます。

　また，学業達成場面での努力不足という帰属要因は，統制可能で変動的で

表3-1　大学生用の具体的原因帰属様式測定尺度の例と採点法 (桜井, 1995)

(1)と(2)の状況設定文をよく読んで，その後の質問に答えてください。まず，状況設定文にある出来事が，もし仮にあなたに起こったとしたら，あなたはその原因をどう考えますか。質問には原因が簡単に述べられています。原因が自分にどの程度あてはまるかを考え，該当する数字を○で囲んでください。つぎに，2つある質問にも答えてください。

	あてはまらない（いいえ）←――			――→あてはまる（はい）		
(1)悪い成績を取ったとしたら，						
その原因は，						
①一生懸命勉強しなかったから	1	2	3	4	5	6
②能力が低い（ない）から	1	2	3	4	5	6
③体調や気分が悪かったから	1	2	3	4	5	6
④テストやレポートの課題が難しかったから	1	2	3	4	5	6
⑤運が悪かったから	1	2	3	4	5	6
⑥苦手な教科だから	1	2	3	4	5	6
⑦教官の教え方が悪かったから	1	2	3	4	5	6
⑧授業にでなかったから	1	2	3	4	5	6
⑨要領が悪いから	1	2	3	4	5	6
・あなたはよい成績をとれるようになると思いますか。	1	2	3	4	5	6
・あなたにとって，よい成績をとることは重要ですか。	1	2	3	4	5	6
(2)新しい友達をつくることができないとしたら，						
その原因は，						
①自分が好かれるように努力しなかったから	1	2	3	4	5	6
②自分の性格が悪いから	1	2	3	4	5	6
③まわりの人の性格が悪いから	1	2	3	4	5	6
④まわりの人と性格が合わないから	1	2	3	4	5	6
⑤まわりの人と価値観が異なるから	1	2	3	4	5	6
⑥自分の容姿が悪いから	1	2	3	4	5	6
・あなたは新しい友達をつくれるようになると思いますか。	1	2	3	4	5	6
・あなたにとって，友達をつくることは重要ですか。	1	2	3	4	5	6

注）(1)は学業達成場面の例で，①～⑨が帰属要因であり，右欄の数字が得点である。その下の2項目は場面の統制可能性と重要性を問う項目である（(2)も同様）。(2)は友人関係場面の例である。①～⑥が帰属要因である。

すから，自分が努力すれば状況は変えられるため，無力感や絶望感の形成を抑え，むしろやればできるという効力感と関連して，無気力を弱める方向にはたらいたものと考えられます。

　この本では，これ以降にも似たような状況が登場します。失敗事態の努力不足への帰属が，さきほどの説明どおり統制可能で変動的な帰属要因として作用すればよいのですが，ときには統制不可能で安定した帰属要因として作用することもあるようです。たとえば「努力も能力のひとつ」ととらえている学生は，努力を能力と同じように統制不可能で安定した帰属要因として考える可能性が高いでしょう。こうした場合には，失敗の原因を努力不足に帰属しても，無気力を弱めることにはなりません。

（２）原因帰属様式と無気力の関係──小学生を対象にして

　つぎにもうひとつ，小学５年生を対象とした研究（桜井, 1991）を紹介します。大学生と同様に原因帰属様式を測定する質問紙（表 3-2 参照）を用いました。学業達成場面における帰属要因は５つあり，a）努力，b）能力，c）体調・気分，d）課題，e）運となっています。友人関係場面における帰属要因も５つあり，a）努力，b）性格，c）印象，d）相手の性格，e）運となっています。

　この質問紙を用いて小学生の原因帰属様式を測定し，無気力との関係を検討したところ，学業達成場面での「能力不足」への帰属傾向と友人関係場面での「自分の性格の悪さ」への帰属傾向，さらには両場面での「運の悪さ」への帰属傾向が，無気力を強めることがわかりました。

　能力不足と自分の性格の悪さは，前述した大学生の研究結果と同じでした。運の悪さは統制不可能で変動する要因です。統制不可能という点では無力感や絶望感を形成すると考えられますが，その一方で変動するという点では無力感は形成されても長続きしないと考えられます。したがって，一般的には無気力の形成には寄与しない，もしくは一時的に弱める方向にはたらくとされるのですが，この研究では無気力が強められる方向にはたらきました。

表 3-2　児童用原因帰属様式測定尺度の項目例と採点法（桜井, 1991）

　もしあなたに次に書いてあるようなことが起こったら，それはどうしてでしょうか。その原因やわけと思われることが5つ書いてあります。それぞれについて「そう思う」「ややそう思う」「どちらでもない」「ややそう思わない」「そう思わない」のうち，あてはまると思うところに○をつけてください。なお，実際には起こりそうもないことや，起こったことがないことが書いてあるときにも，もしあなたにそのようなことが起こったとしたらどうしてだと思うか考えて○をつけてください。

	そう思う	ややそう思う	どちらでもない	ややそう思わない	そう思わない
例：○のつけかた		○			

(1)　あなたが学校で出された宿題を全部やり終えることができなかったとしたら，

	そう思う	ややそう思う	どちらでもない	ややそう思わない	そう思わない
a) 一生けんめいやらなかったから					
b) 能力や才能がないから					
c) からだの調子や気分が悪かったから					
d) 宿題がむずかしかったから					
e) 運が悪かったから					

(2)　あなたが友だちもなく一人ぼっちだとしたら，

a) 友だちをつくろうと努力しなかったから					
b) 自分の性格が悪いから					
c) 知らない間にみんなに悪い感じをあたえたから					
d) まわりの人が冷たいから					
e) 運が悪かったから					

注）樋口・鎌原・大塚（1983a, 1983b）の内容と同一であるが，形式が変更されている。(1)が学業達成場面・失敗事態で，(2)が友人関係場面・失敗事態である。a) ～ e) の項目の採点は，「そう思う」が5点で，順に4点，3点，2点となり，「そう思わない」が1点である。

　これはどうしてでしょうか。可能性のひとつとして，子どもたちはこの運を，ぼくは運がよい人，あなたは運が悪い人，というように安定した要因としてとらえていたのではないかと思われます。そして，運が悪い人ととらえた子どもの無気力が強まったのではないかと予想しています。

2つの研究を挙げましたが，これまでの研究からおおまかにいえば，学業達成場面では失敗事態の原因を能力に関連した要因（能力や要領など）の不足に帰属しやすい人は無気力になりやすく，一方で大学生の研究での結果のように努力不足に帰属しやすい人は無気力になりにくいようです。

　また，友人（あるいはもっと広く対人）関係場面では，失敗事態の原因を自分の性格の悪さや自分の容姿の悪さに帰属しやすい人は無気力になりやすいようです。

　どうでしょう。あなたはこの結果に合点がいきましたでしょうか。

2．完璧主義が強い人は無気力になりやすい

　完璧主義（perfectionism）とは，過度に完璧を求めること，言い換えれば完璧であらねばならないと強く思うことです。完璧主義が強い人はこれまでの研究（たとえば，櫻井, 2019b）によって無気力になりやすいことがわかってきましたが，「完璧主義」を完璧でありたいという「完璧志向」に修正できれば，適応的となり，高いパフォーマンスをあげることができます（Part 6 参照）。

（1）完璧主義の基本的な要素とは

　自分に完璧を求める自己志向的完璧主義（図 3-2 参照のこと）は，おもに3つの要素でとらえることができます。

　ひとつは，自分に高すぎる目標を課すこと（「高すぎる目標設定」と略します），二つめは失敗を過度に気にすること（「失敗恐怖」と略します），三つめは自分の行動の出来栄えに漠然とした疑いをもつこと（「行動疑念」と略します）です。

　具体的な質問項目（櫻井, 2019b）で説明しましょう。「高すぎる目標設定」は周囲の人には達成できないような目標を立てることが多い，自分の力でできること以上の目標を立ててしまう，「失敗恐怖」はひとつでもミスがあれば完全に失敗したも同然である，人前で失敗することなどとんでもないこと

だ，「行動疑念」は注意深くやった仕事でも欠点があるような気がして心配になる，何かをやり残しているようで不安になる，などがその典型的な例です。

（2）完璧主義と無気力の関係──大学生と社会人を対象にして

大学生や社会人を対象にして「失敗恐怖」と「行動疑念」の2つの要素をほかの質問項目と一緒に測定し，無気力との関係を検討したところ，2つの要素とも強弱に差はあるものの無気力と関係すること（大谷・桜井, 1997；桜井・大谷, 1997），さらに完璧主義から無気力への因果関係もあることが明らかになりました（桜井・大谷, 1995）。

とくに失敗恐怖にはこのような関係がはっきり認められました。完璧主義の人はどんな小さな失敗を犯してもそれによって完璧でなくなると考えることから，この失敗恐怖が完璧主義の中心的な要素といえるでしょう。

失敗恐怖という概念は，将来失敗が起こることを前提にしています。そしてその失敗を自分の力でコントロールできると思えれば恐怖は生じないのですが，そうではなく自分ではコントロールできないと思う（予期する）がゆえに恐怖が生じるのです。失敗恐怖は，さきに紹介した素因としてはたらき，無力感や絶望感を喚起しやすく，その結果無気力をもたらしやすいといえます。

なお，同時に測定された，①高すぎる目標ではなく"高い目標"を設定すること（項目例：高い目標をもつほうが自分のためになると思う，いつもまわりの人より高い目標をもとうと思う）や，②完璧を求める気持ちである「完璧希求」（項目例：できるかぎり完璧であろうと努力する，中途半端な出来栄えではがまんできない）といった要素には，無気力を低減させるはたらきが一部で認められました。この2つの要素はさきに紹介した適応的な「完璧志向」と関連しています。

（3）完璧主義と無気力の関係──小学生を対象にして

小学4〜6年生を対象にして，先述の3つの要素をほかの質問項目（学校

ストレッサー測定項目など）と一緒に測定し，無気力との関係を検討しました（桜井, 1997a, 1997b, 2004a, 2005）。

　3つの要素で構成されるはずだった項目群は，分析の結果2つにまとまりました。小学生は大学生に比べて物事を大きくまとめて理解する，すなわち概念がまだ分化していないと考えられるので，このような結果はそのせいではないかと予想されます。

　2つのうちのひとつは高すぎる目標に関するまとまりであり，もうひとつは失敗恐怖と行動疑念が混在したまとまりでした。そこで，前者には予定どおり「高すぎる目標設定」，後者には新たに「結果へのこだわり」という名前をつけました。結果へのこだわりには，自分がしたことがきちんとできているか，いつも心配だ，失敗するとそれが気になって仕方がない，といった項目が入っていました。

　分析の結果，いずれの要素も無気力と関係があり，さらに両要素から無気力へという因果関係も認められました。そして，興味深いことに，高すぎる目標設定には，図3-1に示されたような関係もみられました。

　高すぎる目標設定の得点で高群（高すぎる目標設定群）と低群（高すぎない目標設定群），一緒に測定した学校ストレッサー（学校でのいやな出来事）の得点で同じように高群と低群をつくり，この2つを組み合わせて4つの群を設けました。そして図3-1のように配置して無気力の得点を比べました。

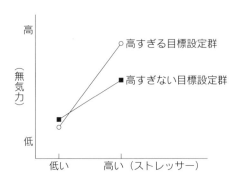

図3-1　高すぎる目標とストレッサーと
　　　　無気力の関係（櫻井, 2019b）

　その結果,学校ストレッサーの得点が高い場合には,高すぎる目標設定群の子どもは高すぎない目標設定群の子どもよりも無気力の得点が高いことがわかりました。一方,学校ストレッサーの得点が低い場合には,そのような差はありませんでした。すなわち,高すぎる目標を設定してしまう子どもは,ストレッサーが高い状況になると強い無気力が発生すると予測されます。ストレッサーの程度が,高すぎる目標設定という要素(素因)に作用して無気力の発生やその程度を決めるということで,これはストレス研究では「素因-ストレスモデル」の典型といえるでしょう。

　なお,同時に測定された完璧希求という要素には,無気力を低減させる効果が示されました。これは大学生の場合と同様でした。

　いくつかの研究を紹介してきましたが,子どもでも大学生や社会人でも,(自己志向的)完璧主義を構成する「高すぎる目標設定」「失敗恐怖」「行動疑念」といった特徴を強くもつ人は,無気力になりやすいといえるでしょう。一方,完璧希求や高い目標設定といった適度に完璧を求める要素の強い人は無気力にはなりにくいようです。

　ところで完璧主義の研究では,上記のような自分に完璧を求める「自己志向的完璧主義」のほかに,「他者志向的完璧主義」と「社会規定的完璧主義」が知られています。他者志向的完璧主義とは自分が他者に対して完璧を求めるものであり,社会規定的完璧主義とは自分が他者から完璧を求められていると認知するものです。自己志向的完璧主義とともにこれらを図示すると,

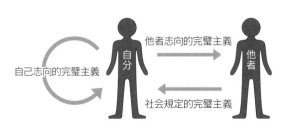

図 3-2　3 種類の完璧主義のとらえ方 (櫻井, 2019b)

図 3-2 のようになります。無気力との関係では，社会規定的完璧主義の人は無気力になりやすいようです。詳しくは，櫻井（2019b）をご覧ください。

　最後に，完璧主義以外にも無気力になりやすいパーソナリティがいくつかあります。すでに登場した過敏な人，さらには悲観主義の人も無気力になりやすいといわれます。もちろん，悲観主義の対極にある楽観主義の人は無気力にはなりにくいといえます（たとえば，Seligman, 1990）。

　ただし，悲観主義でも「防衛的悲観主義」の人は例外のようです（たとえば，外山, 2011）。防衛的悲観主義の人は，高すぎる目標ではなく理にかなった高い目標をもち，その達成に向けてよく努力します。そのため実際には成功することが多いのですが，万が一の失敗を恐れたり，どんなに成功してもつぎは失敗するのではないかと心配したりして，悲観的になります。その悲観的な考えを払拭するために努力を続け，そして成功し続けるのです。それゆえ無気力にはなりにくいようです。石橋をたたいてわたるような人といえるかもしれません。このような人は日本人に多いといわれますが，あなたはどうでしょうか。

3．遂行目標をもつ人は無気力になりやすい

　わが国では『マインドセット』の著者として有名になったドウェック（Dweck, C. S.）先生は，とてもチャーミングな人であったことを思い出します。35 年ほど前，アメリカ・ニューヨーク州のロチェスター大学で研究生活をしていたおり，恩師のデシ先生から研究仲間として紹介され，さらに素晴らしい講演も拝聴した覚えがあります。彼女はとても多才で，当時は学習性無力感研究の延長として達成目標理論を研究していました。ここで紹介するのはその研究成果の一部です。

　彼女は 1970 年代，子どもを対象に学習性無力感の研究をしているなかで，課題失敗後に容易に学習性無力感に陥ってしまう「無力感型」の子どもと，課題失敗後も課題に対する粘り強さを失わない「熟達志向型」の子どもがいることに気づき，その原因が何であるかを検討しました（たとえば，

Diener & Dweck, 1978, 1980)。

　その結果，熟達志向型の子どもは，失敗に直面したとき，それを単なる失敗ととらえるよりも自分の遂行を改善する手がかり（失敗は成功のもと）ととらえることが多く，さらに自分の課題への関わり方をモニターし，その結果に基づいて「こうしたほうがいいかな？」などと自己教示することも多いことがわかりました。一方，無力感型の子どもは，課題に成功している間は熟達志向型の子どもと同様に問題がないのですが，ひとたび課題に失敗すると「もうダメかな？」というような否定的な感情や失敗の能力（不足）への帰属が多く，将来への成功期待が低いことがわかりました。

　このような結果から，彼女らは熟達志向型の子どもと無力感型の子どもの違いは，異なる達成目標をもつからではないかと考えました。達成目標（achievement goal）とは人間が自分の有能さを実現するためにもつ目標です。達成目標理論では，人間は有能になりたいという心理的欲求をもつ存在であるととらえ，それを実現するためにもつ目標が達成目標と考えています。

　図 3-3 をご覧ください。熟達志向型の子どもがおもにもつ達成目標とは「熟達目標（mastery goal）」で，自分の有能さを増大させるために，失敗も

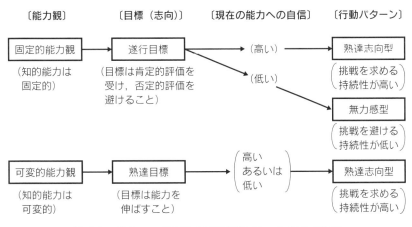

図 3-3　ドウェックの達成目標理論（Dweck, 1986 を改変）

苦にせず「新しいことを習得して能力を伸ばしていこうという目標」です。一方，無力感型の子どもがもつ達成目標は「遂行目標（performance goal）」で，自分の有能さを増大させるために「他者から自分の能力が高いことを評価してもらおう（あるいは他者から少なくとも自分の能力が低くないことを評価してもらおう）という目標」です。熟達目標と遂行目標をいくつかの観点から比較したものを表3-3に示しました。参考にしてください。

遂行目標をもつ子どもは上述のとおり，失敗の原因を能力（固定的な能力）不足に帰属しやすいため，無力感や絶望感が生じ無気力になりやすいと考えられます。

さらにドウェックは，図3-3に示されているように，自分の現在の能力に自信がある場合とない場合に分けて，両方の場合にそれぞれの達成目標が異なる行動パターンをとること（自分の現在の能力に自信のある子どもは失敗をしないので，たとえ遂行目標をもっていても熟達志向型でいられます）や，能力観（多くは知的な能力観）によって子どもがもつ達成目標が異なることも追加して，達成目標に関する独自のモデルを構築しました。

後者の能力観についてですが，これには2つの能力観があります。ひとつは知的な能力は固定的で努力によっても変わらないと考える「固定的能力観」，もうひとつは知的な能力は努力によって変わる（増大する）と考える「可変的能力観」です。固定的能力観をもつ子どもは，能力が固定的であると考えるため，当然自分の能力を他者が高く評価するあるいは低く評価しな

表3-3　クラス環境の達成目標分析（Ames & Archer, 1988）

次　元	熟達目標	遂行目標
成功の定義は，	進歩や上達	よい成績や高いレベルの遂行
価値を置くのは，	努力や学習	高い能力
満足する理由は，	一生懸命や挑戦	他人よりも優ること
教師が求めるのは，	子どもがどのように勉強するか	どれくらいできるか
誤りの見方は，	学習の一部	不安を引き起こすもの
注目するのは，	学習の過程	他人と比較した自分の成績
努力する理由は，	新しいことを学ぶ	他人よりもよい成績を修める
評価（の基準）は，	絶対評価や到達度評価	相対評価

いように，達成目標としては遂行目標をもつことが予測されます。一方，可変的能力観をもつ子どもは，能力は可変的で努力して伸ばすことができると考えるため，努力して新しいことを習得していこうと，達成目標としては熟達目標をもつことが予測されるのです。とてもスマートなモデルではないでしょうか。

　このモデルは子どもばかりでなく大人も対象にして検討がなされ，かなり有力なモデルと評価されて，その後の達成目標研究に大きく貢献しました。

　以上のことから以下のような結論が導けます。

　ひとつは，達成目標に関するもので，遂行目標をもつ人は（一部の例外はありますが）無気力になりやすく，熟達目標をもつ人は無気力になりにくいことです。もうひとつは，能力観に関するもので，固定的能力観をもつ人は遂行目標をもちやすいので，無気力になりやすく，可変的能力観をもつ人は熟達目標をもちやすいので，無気力になりにくいことです。

　なお，子どもと比べると大人は固定的能力観をもちやすいので，この点からはより無気力になりやすいといえるでしょう。

4．公的自己意識や評価懸念が強い人は無気力になりやすい

　セリグマンらの学習性無力感の実験を知ったとき，私はその巧みさにとても驚きました。そしてドウェックの達成目標の研究を知ったときには，学習性無力感という概念を達成目標研究に発展させた才智に感嘆しました。そんなおり，私も両方の研究から重要なヒントを得て，図3-4のような「無気力発生のモデル」を提案しました（たとえば，桜井, 1993, 2000）。

（1）「無気力発生のモデル」とは

　このモデルは2人の研究のよいところを合わせたようなモデルですが，「社会的要因（社会的特性）に注目し無気力の形成過程をわかりやすく示したモデル」として評価してもらえるのではないかと考えています。なお，図

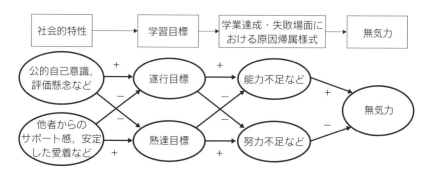

図 3-4　無気力発生のモデル（桜井, 2000 を改変）
注）　＋はプラスの効果，－はマイナスの効果を示す。

3-4 のモデルでは学業達成場面に特化していますが，対人関係場面を加えた
モデル（桜井, 2002）も少々複雑ではありますが提案しています。

少していねいにこのモデルを説明します。モデルでは，前半の「社会的特
性」→「学習目標」という部分はドゥエックらの達成目標理論のモデル（図
3-3 参照）にそっています。ただし，ドゥエックらの能力観はここでは「社
会的特性」に代わっています。社会的要因を重視することで特色をだしまし
た。後半の「学業達成・失敗場面における原因帰属様式」→「無気力」とい
う部分は学習性無力感理論における原因帰属（様式）を用いたモデルにそっ
ています（Part 2 の原因帰属の箇所を参照）。

（2）「無気力発生のモデル」を構成する要因について

モデルを構成する要因を紹介します。

最初にある「社会的特性」とは人間関係のなかで培われる特性のことであ
り，具体的には公的自己意識，評価懸念（以上は否定的な特性），他者から
のサポート感，安定した愛着（以上は肯定的な特性）などが含まれます。

公的自己意識とは他者から見られる自分（容姿やスタイルなど）を気にす
る傾向であり，評価懸念もこれに類似した特性ですが，自分が他者から否定
的に評価されるのではないかと気にする傾向です。

一方，他者からのサポート感と安定した愛着は，これらとは反対の特性で

す。他者からのサポート感は文字どおり，他者から支えられているという感覚であり，具体的に表現すれば，まわりの人たちから自分の存在が認められ，何か困ったことが起こったときにはまわりの人たちが援助してくれると思える傾向です。安定した愛着もほぼ同様で，まわりの人たちは自分を大事にしてくれる人たちであると思える傾向です。愛着はアタッチメントともいいます。

　モデルのトップに位置するこうした要因は，因果関係のもとになるので，もっとも大事なそして影響力の強い要因といえます。

　つぎの「学習目標」は学業達成場面で私たちが抱く目標のことです。ここでは3.で説明した遂行目標と熟達目標になります。これはドウェックのモデルを手本としていますので，当然です。そのつぎの「学業達成・失敗場面における原因帰属様式」は，1.で説明した要因です。このモデルでは帰属要因としておもに「能力（不足）」と「努力（不足）」を挙げています。そして最後に位置するのは，もちろん「無気力」です。

（3）「無気力発生のモデル」の流れについて

　それぞれの要因を紹介したのに続いて，モデルの流れについて説明します。

　公的自己意識や評価懸念の強い人は他者の目を気にします。そうした人は，他者から自分の能力を高く評価されたいと思うので，学習目標としては遂行目標を強くもつことが予想されます。

　一方，他者からのサポート感が強かったり安定した愛着が形成されたりしている人は，特段他者の目を気にする必要がないため，どちらかといえば自分が努力して成長することを目標にする熟達目標をもちやすいと予想されます。

　また，図3-4にはマイナスの効果も示されています。上記の反対の影響があることも予想されています。

　つぎに遂行目標を強くもつ人は，自分の能力が高いことを他者に認めてもらいたいと思っているため，学業達成・失敗場面では失敗の原因を努力不足

に求めることはできません。なぜならば，努力不足に原因を求めると，努力なしでは成功できないことを認め，最終的には自分の無能力を証明することになるからです。したがって，当初は運が悪いとか，課題が難しいとかいった統制不可能で変動的な要因に失敗の原因を求めて無気力にならないようにする道を模索するかもしれません。しかし失敗が続けば，失敗の原因を最終的な選択肢である能力不足に求めざるを得なくなるでしょう。

　一方，熟達目標を強くもつ人は，自分が学業達成場面で失敗しても，さらに努力をすれば成功できると思えるため，努力不足に失敗の原因を求めることが予想されます。また，遂行目標から努力不足へ，さらに熟達目標から能力不足へのマイナスの効果も予想されています。

　そして最終的には，失敗の原因を能力不足に求める人は，無力感や絶望感を通して無気力になりやすく，失敗の原因を努力不足に求める人は努力をすれば結果がだせる，成功すると思えるため無気力にはなりにくいと予想されます。

　なお，このモデルでもドウェックのモデルと同様にものすごく頭のよい人は失敗することがほぼないため，遂行目標をもっていたとしても無気力にはほぼならないと予想されます。うらやましい限りですが，天才といわれる人にはこのようなことはよくあてはまるかもしれません。

（4）実証的な研究について

　これまで私はいくつかの実証研究を行ってきました。大学生を対象に，社会的特性として公的自己意識（桜井，1994），評価懸念（桜井，1995），他者からのサポート感（桜井，1999）を用いてモデルの検討をしたところ，「社会的特性→遂行目標→能力不足への帰属→無気力」という無気力が形成される過程については，モデルを支持する結果が得られました。

　一方，「社会的特性→熟達目標→努力不足への帰属→無気力の軽減」という無気力が軽減される過程についてはほとんど支持が得られませんでした。とくに努力不足という原因帰属は無気力の軽減には貢献しておらず，これらの研究における大学生は失敗を努力不足に帰属しても，統制可能で変動する

要因として機能していないように思われます。努力不足と回答しても，つぎの同様の機会に努力できない人は結構多いということでしょうか。

　なお，公的自己意識と評価懸念には直接無気力を促進する効果がみられ，他者からのサポート感には直接無気力を軽減する効果がみられました。モデルに登場した要因以外の要因がこの過程に影響しているのではないかと考えられます。

　ここでは私が提案している「無気力発生のモデル」を紹介しました。この研究の成果からいえることは，公的自己意識や評価懸念の強い人は無気力になりやすい，ということです。さらに他者からのサポート感は，無気力を直接軽減することはありますが，モデルにそった軽減効果ではないようです。

5．心理的欲求が充足されない人は無気力になりやすい

　私は動機づけ（モチベーション）に関する研究者です。そして動機づけ研究のなかでも動機づけのみなもとには「欲求」が存在する，とくに課題達成などの知的な動機づけ場面ではそのみなもとに「心理的欲求」が存在する，と仮定する心理的欲求理論の立場で研究を進めています。もちろん，私の恩師であるデシ先生も同じ立場に属します（写真は1990年にロチェスター大学のデシ先生の研究室にて撮影）。

　私の重要な研究テーマのひとつは「自ら学ぶ意欲」です。これまでに研究室の大学院生らと協力して，自ら学ぶ意欲に関するモデルを作成し，その精緻化に努めてきました。（桜井，2004b；桜井・下山・黒田・及川・大内，2005；桜井・下山ほか，2006；桜井・新川ほか，2006）。2009年には大枠が

デシ先生（左）と著者

完成し（櫻井, 2009），2017年，2019年，2020年と改訂を重ね（櫻井, 2017, 2019a, 2020a, 2020b），現在は図3-5のようなモデルとなり，これを「自ら学ぶ意欲のプロセスモデル」と称しています。

このモデルでは，自ら学ぶ意欲を図3-6のようにとらえています。従来の自ら学ぶ意欲は内発的な学習意欲と自己実現への学習意欲のみでしたが，このたびの改訂（櫻井, 2020a, 2020b）によって「達成への学習意欲」と「向社会的な学習意欲」が追加されました。

ご存知の読者も多いと思いますが，表3-4（70頁）に示されているように，内発的な学習意欲は知的好奇心と有能さへの欲求に基づいて，おもしろいから学ぼう，さらに深く学ぼうとする意欲です。そして自己実現への学習意欲は，自己実現の欲求に基づいて，将来（人生）の目標を決定しその達成に向けて自分をうまくコントロール（自己調整）して学ぼうとする将来展望型の意欲です。

そしてこのたび追加された，有能さへの欲求に基づいて高い水準での達成

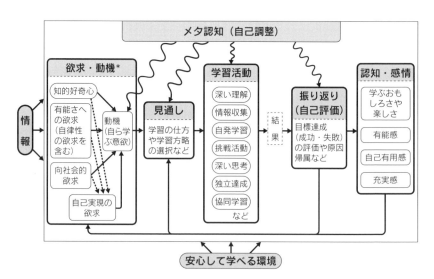

図3-5　自ら学ぶ意欲のプロセスモデル（櫻井, 2020a）
注）＊では欲求のほかに，認知（たとえば，学習には価値がある）や感情（たとえば，学習が好き）も動機の形成に影響する。

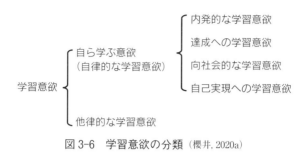

図 3-6　学習意欲の分類（櫻井, 2020a）

をめざす達成への学習意欲は，人間が日々成長していくために重要な学習意欲であるといえます。さらに，他者や社会のためになりたいという向社会的欲求に基づく向社会的な学習意欲は，ほかの 3 つの自ら学ぶ意欲とは異なり社会的な意欲ではありますが，学校の教室でクラスメイトと一緒に学ぶようなときには必須の学習意欲といえるでしょう。

　なお，学習に関する「心理的欲求」は漠然と“何か”を学びたいという気持ちですが，学習意欲は具体的に目標を決めて“何々”を学びたいという気持ちを指します。

　図 3-5 のモデルおよびその一部をわかりやすく示した表 3-4 によれば，4 つの自ら学ぶ意欲のみなもとには 4 つの心理的欲求があり，4 つの心理的欲求が 4 つの自ら学ぶ意欲を喚起します。そして図 3-5 のように，「見通し」「学習活動」「（結果の）振り返り（自己評価）」を通して，学ぶおもしろさや楽しさ，有能感，自己有用感，充実感といった認知・感情が生起し，これらが 4 つの心理的欲求を充足します。心理的欲求を充足するこうした 4 つの認知・感情が生まれないと，無気力につながってしまうことが予想されます。

　だれもが心理的欲求をもって学習に従事していますが，この欲求が縮んでしまうとやる気が失せて無気力になるのです。表 3-4 に示されているとおり，有能感はとくに重要で，有能感が蓄積されると，やればできるという思いの（自己）効力感になります。じつはこの効力感こそ，無力感や絶望感そして無気力の対極に位置する認知・感情なのです。

　さらに，こうした自ら学ぶ意欲の発現プロセスを支えるのが，図 3-5 に示

表 3-4　心理的欲求，自ら学ぶ意欲，振り返り後にもたらされるもの
（認知・感情）の関係（櫻井, 2020a を修正）

心理的欲求	自ら学ぶ意欲	振り返り後にもたらされるもの（認知・感情）
知的好奇心 →	内発的な学習意欲 →	学ぶおもしろさや楽しさ
有能さへの欲求 →	達成への学習意欲 →	有能感〔→（自己）効力感〕
向社会的欲求 →	向社会的な学習意欲 →	自己有用感
自己実現への欲求 （小学校高学年以上）→	自己実現への学習意欲 →	充実感

されている「安心して学べる環境」と学校教育などによる「情報」，自分を
コントロールして主体的に学ぶ際に必要となる「メタ認知」の3つです。

　この場合のメタ認知とは，学習している自分を冷静に見つめ，自分や学習
についての知識（自分の適性，課題の特質，学習の仕方など）を用いて，学
習過程をうまくコントロールして学習を成功裡に導く非認知能力（おもに認
知能力をうまく発揮させるようにはたらく能力）です。メタ認知は小学校高
学年くらいになると充実してくるため，このモデルは小学校高学年くらいか
ら適用できます。もちろん，大人でも同じようにはたらきます。

　このモデルの詳細については，櫻井（2019a, 2020a）をご参照ください。

　つまり，知的好奇心，有能さへの欲求，向社会的欲求，自己実現の欲求な
どの心理的欲求を充足することで，おもに学習に関連する無気力の発生は抑
えられるということ，反対にいえば，こうした心理的欲求が充足できないと
無気力になりやすいということです。このことは子どもの学習だけでなく，
大人の仕事や学習でも同じです。大人の仕事に関する意欲については櫻井
（2020c）を読まれると理解が深まると思います。

6．仕事に忙殺される人は無気力になりやすい

　原稿執筆について私の経験をお話しします。
　いまでもそうですが，とても快調に原稿が書ける日もあれば，まったくと

いってよいくらいに書けない日もあります。快調に書ける日にはこの機会を逃さないようにと，時間を惜しんで執筆を続け，夜遅くなっても続けます。深夜，多少の疲労感と大きな満足感に包まれて眠りにつきます。こうした日が２〜３日続くこともあります。

　しかし，必ず反作用が起きます。そうした日の翌日は，快調だったそれまでの調子が嘘のように，肩が凝り，からだがだるく，頭がふらふらしてやる気がでません。年のせいということも多少はあるかもしれませんが，そのようなときには執筆をしようという気持ちにはなれません。そのたびに「やっぱりやりすぎはダメか」と思うのです。

　最近は少し悟りました！　どうしてもこの繰り返しになるのであれば，それを予期して原稿を書けばよいのだと。このパターンを逆手にとって，快調に書けた日の翌日から２〜３日は休養をとり，気晴らしをするのです。スポーツジムに行ったり，カラオケに行ったり，美味しいものを食べに行ったり，そして１日の最後に少し原稿を書くのです。あるいは原稿を書くというよりも，原稿の内容について考え構想を練るのです。そのようにして快調な日が再びやってくるのを待ちます。やはり気晴らしは大事だと思います。

　一般の仕事でも同じことがいえるのではないでしょうか。どんなに好きな仕事でも，やりすぎると疲れがたまり，無気力になります。やりすぎる日が続くとそれこそ無気力から脱出することもできなくなります。場合によっては，うつ病を発症することもあるかもしれません。そうなる前に休養をとり，鋭気を養って，無気力から脱する必要があるのです。

　つまり，どんなに好きな仕事でも，やりすぎると無気力になりやすいということです。うまく気分転換ができる人や休養を巧みにとれる人は無気力にはなりにくいでしょう。

７．スマホが手放せない人は無気力になりやすい

　私は電車やバスに乗っていると，自然に座っている人の行動に目がいきま

す。これは心理学者の職業病でしょうか，それとも私個人の性分でしょうか。

　最近はこのような場合に同じ場面ばかりが目に飛び込んでくるので，少々飽きてきました。座っている人のほとんどが，スマホに夢中なのですから。個人的には，「よくもまあ，ずっとスマホをいじっていられるな」と思いますが，これは少数派の感想でしょうか。老いも若きもみなスマホに夢中です。それでも，かなりご高齢の方や学生さんのなかには静かに座っている人やスマホ以外のことをしている人もいます。私もそのひとりです。

　最近ベストセラーになった『スマホ脳』（ハンセン著，久山訳, 2020）を購入したのですが，思いのほかおもしろくてすぐに読破しました。人間の脳の進化とスマホとの関係がとても興味深く説明されていました。文献の引用こそありませんが，研究成果がきちんと紹介されていて好感ももちました。紹介されている内容のなかに，無気力との関係について論じられている部分がありましたので，紹介します。

　電車やバスのなかでならともかく，家庭や職場においてもスマホが気になり，必ず自分の近くに置き，かたときもスマホが手放せないという“スマホ依存”傾向の強い人は，十分な睡眠や休養がとれないため心身の疲労がたまり，無気力になる可能性が高いそうです。

　人間の脳は，いまの情報化時代にうまく対応できるようにはまだ進化していません。そのため意識してコントロールしなければ，“注意を怠れば生き残れない”という太古の昔からの対処方法を無意識のうちにとってしまうようです。スマホが近くにあると，誰かから大事な連絡が入っているのではないか，何か困るようなことが起きているのではないか，とスマホでの情報確認にいつ何時でも対応してしまうようなことが起こります。これでは心身ともに疲れ果て無気力になるのはあたりまえです。こうならないためには，スマホの使用を自分でコントロールしなければなりません。

　本書の Part 2 では，身体的な疲労から無気力になるプロセスを説明しましたが，スマホの場合には，スマホが気になって十分な睡眠や休養がとれずに無気力になってしまいます。電車やバスの中での人々の様子を見る限り，

スマホの使い過ぎで疲労が起こるのはありうる話だと思いました。また，友人が食事のさなかにスマホをいじったり，同僚が会議のさなかにスマホをもって室外へダッシュしたりする場面に遭遇することも多くなりましたが，これでは精神的にも身体的にも疲れるのは当然だろうと感じます。

　以上のようなことから，スマホが手放せない人は無気力になりやすいということを銘記してください。

■引用文献

Ames, C., & Archer, J. (1988). Achievement goals in the classroom: Students' learning strategies and motivation processes. *Journal of Educational Psychology, 80,* 260-267.

アンデシュ・ハンセン（著）久山葉子（訳）（2020）. スマホ脳　新潮新書

Diener, C. I., & Dweck, C. S. (1978). An analysis of learned helplessness: Continuous change in performance, strategy, and achievement conditions following failure. *Journal of Personality and Social Psychology, 36,* 451-462.

Diener, C. I., & Dweck, C. S. (1980). An analysis of learned helplessness: Ⅱ. The processing of success. *Journal of Personality and Social Psychology, 39,* 940-952.

Dweck, C. S. (1986). Motivation processes affecting learning. *American Psychologist, 41,* 1040-1048.

樋口一辰・鎌原雅彦・大塚雄作（1983a）. 児童の学業達成に関する原因帰属モデルの検討　教育心理学研究, *31,* 81-27.

樋口一辰・鎌原雅彦・大塚雄作（1983b）. 友人関係場面における原因帰属様式と社会的地位　教育心理学研究, *31,* 141-145.

大谷佳子・桜井茂男（1997）. 社会人における完全主義と無気力の関係　日本心理学会第61回大会発表論文集, 144.

桜井茂男（1991）. 児童における抑うつ傾向と原因帰属様式の関係　健康心理学研究, *4,* 23-30.

桜井茂男（1993）. 大学生における不適応過程の分析Ⅱ——"評価懸念, 学習目標, 原因帰属様式によるモデル"の検討　日本教育心理学会第35回総会発表論文集, 138.

桜井茂男（1994）. 大学生における不適応過程の分析Ⅲ——公的自己意識, 学習目標, 原因帰属様式によるモデルの検討　日本教育心理学会第36回総会発表論文集, 319.

桜井茂男（1995）.「無気力」の教育社会心理学——無気力が発生するメカニズムを探る　風間書房

桜井茂男（1997a）. 子どもにおける完全主義と無気力の関係（基盤研究(C)(2)　課題番号：07610126）平成7～8年度科学研究費補助金研究成果報告書

桜井茂男（1997b）. 子どもの完全主義　日本心理学会第61回大会発表論文集, 297.

桜井茂男（1999）. 大学生における不適応過程の分析Ⅳ——社会的サポート感, 学習目標, 原因帰属様式によるモデルの検討　日本心理学会第63回大会発表論文集, 761.

桜井茂男（2000）. 無気力の心理学——動機づけ概念を中心にした無気力発生モデルの検討　丹野義彦（編）認知行動アプローチ——臨床心理学のニューウェーブ　現代のエスプリ,

392, 61-70.

桜井茂男（2002）. 無気力（3部　抑うつに関連した研究と臨床，4章）　下山晴彦・丹野義彦（編著）講座　臨床心理学　4巻　異常心理学Ⅱ（pp.165-185）東京大学出版会

桜井茂男（2004a）. 完全主義は抑うつを予測できるのか——小学生の場合　筑波大学心理学研究, *27*, 51-55.

桜井茂男（2004b）. 知的好奇心のはたらきと育て方　教育展望, 5月号, 20-27.

桜井茂男（2005）. 子どもにおける完全主義と抑うつ傾向との関連　筑波大学心理学研究, *30*, 63-71.

櫻井茂男（2009）. 自ら学ぶ意欲の心理学——キャリア発達の視点を加えて　有斐閣

櫻井茂男（2017）. 自律的な学習意欲の心理学——自ら学ぶことは，こんなに素晴らしい　誠信書房

櫻井茂男（2019a）. 自ら学ぶ子ども——4つの心理的欲求を生かして学習意欲をはぐくむ　図書文化社

櫻井茂男（2019b）. 完璧を求める心理——自分や相手がラクになる対処法　金子書房

櫻井茂男（2020a）. 学びの「エンゲージメント」——主体的に学習に取り組む態度の評価と育て方　図書文化社

櫻井茂男（2020b）. 非認知的能力を育ててより高い学業達成をめざそう——「自ら学ぶ意欲」と「向社会性」に注目して　研究紀要（日本教材文化研究財団），Vol.49, 28-34.

櫻井茂男（2020c）. 思いやりの力——共感と心の健康　新曜社

桜井茂男・大谷佳子（1995）. 完全主義は無気力を予測できるか　奈良教育大学教育研究所紀要, *31*, 171-175.

桜井茂男・大谷佳子（1997）. "自己に求める完全主義"と抑うつ傾向および絶望感との関係　心理学研究, *68*, 179-186.

桜井茂男・下山晃司・黒田祐二・及川千都子・大内晶子（2005）. 自ら学ぶ意欲の測定に関する研究　桝　正幸（代表）21世紀COEプログラム「こころを解明する感性科学の推進」2003年度研究報告書（pp.37-40）

桜井茂男・下山晃司・黒田祐二・及川千都子・大内晶子・新川貴紀・植村みゆき（2006）. 自ら学ぶ意欲の測定と発現プロセスの検討に関する研究　桝　正幸（代表）21世紀COEプログラム「こころを解明する感性科学の推進」2004年度研究報告書（pp.119-121）

桜井茂男・新川貴紀・植村みゆき・萩原俊彦・西谷美紀・及川千都子・大内晶子・葉山大地（2006）. 自ら学ぶ意欲と創造性の関係についての研究　桝　正幸（代表）21世紀COEプログラム「こころを解明する感性科学の推進」2005年度研究報告書（pp.139-141）

Seligman, M. E. P.（1990）. *Learned optimism*. New York, NY: A.A. Knopf. 山村宜子（訳）（1991）. オプティミストはなぜ成功するか　講談社

外山美樹（2011）. 行動を起こし，持続する力——モチベーションの心理学　新曜社

Part 4

どのような人が無気力になりにくいのか？

Part 3 では，無気力になりやすい人の特徴をまとめました。ご自身あるいはまわりの方にそうした特徴をおもちの方はいましたでしょうか。なかにはいくつかの特徴を重複しておもちの方もいるかもしれません。対応については Part 6 をご覧ください。

さてこの Part 4 では前の Part 3 とは反対に，無気力になりにくい人の特徴をまとめます。ただし無気力になりにくいといっても，災害レベルのストレスや加齢にともなう生理的・心理的な変化などによってどうしても無気力になることもあります。そうした点については別途注意が必要です。

1．効力感の高い人は無気力になりにくい

私が大学院生のころは，著名な心理学者であるバンデューラ（Bandura, A.）の「自己効力感（self-efficacy：単に「効力感」ともいう）」や「モデリング（modeling：「観察学習」ともいう）」の研究が一世を風靡していました。ヘブライ語の影響を受けたと思われる彼の英語はとても難解で（一般には使わない難しい英単語を使うため），彼の論文はどちらかといえば読みたくない論文に属していました。しかし彼の研究はとびぬけて素晴らしく，必要に迫られてその難解な論文を読んでいるうちに少しずつ慣れました。いまとなれば懐かしい思い出です。

なお，彼の論文は革新的であり，その引用回数は心理学者のなかではとびぬけて多いようです。研究者としてはうらやましい限りです。

（1）効力感とは

　さてここで注目したいのは「効力感」です。学術的な説明は他論文（たとえば，竹綱・鎌原・沢崎, 1988；桜井・桜井, 1991a）に譲るとして，効力感を簡単に定義すれば，ある課題が最後まで遂行できるという期待感，あるいは努力すればできるという感覚のことです。当初は個々の課題に対する効力感が研究対象でしたが，その後は一般化が進み，ある教科に関する効力感やある領域（たとえば，学習，対人関係，スポーツ）に関する効力感，そして最後には自分が行う多くのことに関する効力感まで想定されるようになりました。自己に関する効力感となれば，self-efficacy あるいは日本語の自己効力感という用語はピッタリくるように思います。

　じつは効力感こそ，無気力の大きなみなもとである「無力感」や「絶望感」の対概念です。なぜならば，効力感は課題等が遂行できるという期待感ですが，無力感は自分の力では遂行できないという認知，そして絶望感は遂行できないという事態が続くという予期であるからです。ほぼ反対の意味ととらえることができます。

　そこで，ここでの結論をさきにいってしまえば，効力感の高い人は無気力になりにくいということです。

　なお，効力感と類似した用語として「有能感（perceived competence or sense of competence）」があります。両者を同じような意味で使う研究者もいますが，峻別するのであれば，有能感は「自分が有能であるという感覚」ですが，効力感は「やればできるという感覚」です。一般に有能感が高まれば（すなわち，たびたび経験されると）効力感が高まると考えられています（櫻井, 2019, 2020）。それゆえ，有能感が高い人も無気力になりにくいといえます。

（2）実証的な研究について

　小学 5，6 年生 200 名程度を対象にして，領域別の効力感と無気力との関係を検討しました（桜井・桜井，1991a）。領域別の効力感尺度は，①学習，②友人関係，③運動，④自己の 4 つの領域，各 8 項目の合計 32 項目で構成されました。項目例は表 4-1 に示されているとおりです。

　各効力感と無気力の関係では，いずれの領域の効力感も無気力とマイナスの関係，すなわち効力感が高いほど無気力は低いという関係がみられました。そのなかでも自己領域の効力感と無気力との関係が一番強く，自分がすることの多くに効力感を感じている子どもはもっとも無気力になりにくいといえるでしょう。

　また，教育学部の大学生 200 名程度を対象に，教師効力感と自己効力感（一般的なセルフ・エフィカシー：坂野・東條，1986），自尊感情との関係を検討しました（桜井，1992，1997；Sakurai，1994）。教師効力感は 2 つの観点から測定されました。ひとつは自分が教師であればしっかり教えることができるという「教授効力感」，もうひとつは一般に教育は子どもたちに役立つという「教育効力感」でした。

　分析の結果，教師効力感のうちでも教授効力感が，自己効力感ならびに自

　表 4-1　児童用領域別効力感尺度の項目例（桜井・桜井，1991a）

〔学習領域〕
　 5.　その気になれば，授業の内容はたいてい理解できると思う。
　21.　学校の成績は，いくら努力しても，よくならないと思う。(R)
〔社会（友人関係）領域〕
　10.　その気になっても，友だちを作ることはむずかしいと思う。(R)
　18.　どんなにがんばってみても，きらいな友だちとは仲よくなれないと思う。(R)
〔運動領域〕
　 3.　がんばれば，体育の成績はよくなると思う。
　19.　練習すれば，いままでできなかった運動もできるようになると思う。
〔自己領域〕
　12.　がんばれば，明るい未来がひらけると思う。
　20.　現在不幸ならば，どんなにがんばっても，不幸は続くと思う。(R)

注）(R) は逆転項目を示す。

尊感情と比較的強いプラスの関係がありました。自尊感情は自信があり自分を肯定する気持ちなので，この値が高いと効力感や有能感と同様に無気力にはなりにくいことが予想されます。それゆえ，自分が教師であれば子どもにしっかり教えることができるという教授効力感が高い大学生（教育学部生）は，おそらく教職関係の仕事をめざす限り無気力にはなりにくいと考えられます。

　一方で，一般に教育が子どもたちに役立つという教育効力感は，それが高くても大学生の無気力の形成を防ぐ効果はほとんどありませんでした。

2．安定したアタッチメントが形成されている人は無気力になりにくい

　私は大学で発達心理学を教えていましたので，アタッチメントについて講義する機会は多かったように思います。幼少期に"安定したアタッチメント"を形成することは人間が安心して生きていくためにとても重要です。また実際の子育てを通してもそのことを実感しました。

　ここではアタッチメントについて説明し，安定したアタッチメントが長い生涯にわたって無気力を防止するベースになることをお伝えします。

（1）アタッチメントとは

　アタッチメント（attachment）とは簡単にいえば「心の絆」ですが，望ましい絆である"安定したアタッチメント"と，望ましくない絆である"不安定なアタッチメント"があります。アタッチメントは日本語で「愛着」と訳すことも多いのですが，日本語の愛着はその本来の意味からすると"安定したアタッチメント"を指すように思います。英語のアタッチメントには望ましい，望ましくないといった色はついていません。中立の用語です。

　子どもが乳幼児期（出生から6歳くらいまで）に，主たる養育者（おもに母親であるため，以下では母親といいます）からあたたかい養育，とくにスキンシップを十分にともなった養育を受けると，子どもには安定したアタッチメントが形成され，母親に愛情を感じ「母親は"無条件に"自分を愛して

くれる人であり，信頼できる人でもある」という思いが形成されます。

　これはやがて「自分は他者から愛される存在であり，他者は信頼できる存在である」という他者一般（といっても自分にとって身近で重要な他者であり，父親や祖父母，保育者や教師，友達など）を対象とした信念へと拡大していきます。そして子どもは何かができる・できない，すなわち優秀であるかどうかに関係なく，母親をはじめとする身近な他者から愛されていると感じ，自分はこのまま生きていっていいのだ，という自己肯定感が形成され，安心して生活することができます。

　ところが，あたたかい養育行動が少なく，子どもからの自発的な行動にも無反応であるような母親に育てられると，子どものなかには不安定なアタッチメントが形成されます。子どもは自分が母親から愛されているのかどうかわからない，母親は信頼できるのかどうかわからないということで，母親の愛情に疑いをもち揺らいだかたちで母子関係（絆）が形成されます。そのため，なかなか安心した生活を送ることができません。また，身近な他者に対しても疑いの目を向けるようになります。

　不安定なアタッチメントにはおおまかに3種類のタイプがあります。詳しくは，小林（2010）などを参照してください。

（2）アタッチメントと無気力の関係

　母親をはじめとして，その後は父親，祖父母，保育者や教師，友達，同僚など身近な他者もアタッチメントの対象になりえます（たとえば，村上・櫻井，2014）。安定したアタッチメントの対象が広がれば，家庭だけでなく幼稚園や学校，そして大人になれば職場も安心して生活できる場になります。

　その結果，信頼できる人がそばにいてくれるので，たとえネガティブな事態に遭遇しても大丈夫という思いが醸成されます。いやな出来事に遭遇しても大きな脅威とは感じなかったり，実際にそうした出来事で他者の援助が必要なときにも援助はしてもらえたりするので，結局無力感や絶望感は生じにくく，無気力にもなりにくいと考えられます。

　一方，同じようなかたちで不安的なアタッチメントの対象が拡大してしま

うと，信頼できる人がそばにいないと思えるため，いやな出来事の脅威度は高く評価されたり，実際に周囲の誰かに援助を求めることもしないのでいやな出来事が継続されたりして，結局のところ無気力になりやすいと予想されます。

　望月（2017）はこうした考えを，大学生を対象に実証しました。大学生の母親とのアタッチメントと無気力を測定し関係を検討しました。その結果，不安定なアタッチメントの持ち主は無気力になりやすいことが示されました。

　なお，人によっては「他者に援助を求めることは自分の無能さをさらけだすことである」と考え，他者の援助を嫌う人もいます。しかし，よく考えてみてください。現実の世界では純粋に自分の力だけでうまく処理できないことも多いのではないでしょうか。そうした場合には他者に援助を求めればよく，その代わりにそのお返しとして，自分が他者から援助を求められた場合には気持ちよく援助してあげればよいのではないでしょうか。支え合いながら生活するのが現実の世界であるように思います。

（3）シャイな人はどうなのか

　身近な人と不安定なアタッチメントしか築けない場合には，いざというときには助けてくれる人がいない（と思う）ので，「自分は孤立している」「自分は孤独である」と考えるようになります。そしてそうした思いが強くなると孤立感や孤独感に支配され，ネガティブな事態に遭遇した際，自分ではどうすることもできずに無気力になることが予想されます。

　こうした孤立や孤独をもたらすのは不安定なアタッチメントだけではありません。シャイな性格あるいは内気や引っ込み思案とよばれる性格もそのひとつです。心理学では「シャイネス（shyness）」といいますが，これは「他者とうまくつきあうことを妨害する対人不安」（桜井・桜井, 1991b）と定義されます。シャイな性格の人は，Part 3 で紹介した公的自己意識や評価懸念が高くさらに劣等感（無能感）も高いため，無気力に陥りやすいことが予想されます。

3．メタ認知能力の高い人は無気力になりにくい

　認知能力（知的能力）が高ければ，学業でも仕事でもほとんどのことはうまくできて無気力にはならないと思いがちですが，そうでもありません。

　たとえば，クラスメイトや同僚との対人関係がうまく形成できなければ，グループやチームに課された課題で成功や高い達成は望めないこともあります。とくに仕事の場合はひとりですることはほとんどありませんので，なおさらでしょう。かえって失敗することが多いかもしれません。

　それでは，学業や仕事で成功するには認知能力以外にどのような能力が必要なのでしょうか。

（1）非認知能力について

　近年，認知能力に対して非認知能力が注目されています。認知能力とは，認知能力検査，つまり従来の知能検査で測定されるような知的能力のことであり，具体的には記憶力，理解力，推理力，思考力などを指します。そしてこうした認知能力をうまく発揮するためには「非認知能力」が重要であることがわかってきました（国立教育政策研究所, 2017）。非認知能力とは文字どおり，認知能力以外の能力のことです。

　本書ではすでに自ら学ぶ意欲，効力感や有能感，安定したアタッチメントを取り上げましたが，これらはすべて非認知能力です。"能力"というと少々大袈裟ですが，この文脈では仕方がありません。学習場面では自ら学ぶ意欲，効力感や有能感があると，認知能力をうまく発揮して高い目標を達成すること（成功すること）ができます。

　また安定したアタッチメントは他者信頼感のみなもとになりますので，よい人間関係を築くことによって幸福度も促進するといわれます。もちろんすでに説明したとおり，いざというときには他者からのサポートが期待できるので無気力にはなりにくいのです。

　非認知能力にはこのほかにも自制心，共感性，コミュニケーション能力，リーダーシップ，感情コンピテンス（感情をコントロールする能力）などが

あります（小塩, 2021）。認知能力だけでなく，こうした非認知能力がうまくはたらくことで，社会人になれば社会的な成功とともに幸福感も得られるとされます。

（2）メタ認知能力とは

　さてここで紹介するのはそうした非認知能力のひとつである「メタ認知能力」です。メタとは"超えた""より上位の""〜についての"という意味をもつ接頭語なので，メタ認知は簡単にいえば，自分あるいは他者の行う認知活動（たとえば，覚えること）を一段高いところから認知する（とらえる）ことです。一般的には小学校高学年くらいでほぼ獲得されますが，効果的に使えるかどうかは個人差が大きいようです。メタ認知を効果的に使える能力のことをメタ認知能力といいます。

　メタ認知は，図 4-1 に示されているように，認知に関わる知識である「メタ認知的知識」と，認知活動をモニターしコントロールする「メタ認知的活動」で構成されます。以下，その内容について三宮（2018）を参考に説明します。

　メタ認知的知識には，「思考は感情に左右されやすい」というような人間の認知特性についての知識，「抽象的な議論は具体的な議論よりも論点が曖昧になりやすい」というような課題についての知識，「計算ミスを防ぐには検算が役立つ」というような課題解決の方略についての知識があります。

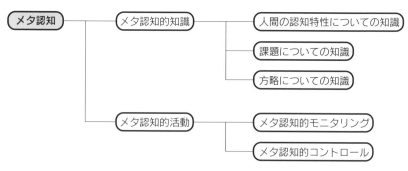

図 4-1　メタ認知の分類（三宮, 2018）

　なお，人間の認知特性についての知識には「私は批判的な思考が苦手だ」というような自分自身の認知特性についての知識や「Aさんは早とちりをする」というような他者の認知特性についての知識も含まれます。これらは結構大事です。

　一方，メタ認知的活動には，「ここがよくわからない（気づき）」「この質問には簡単に答えられそうだ（予想）」「この解き方でよいのか（点検）」「この部分が理解できていない（評価）」というようなメタ認知的モニタリングと，「完璧に理解しよう（目標設定）」「簡単なところからはじめよう（計画）」「この考え方ではうまくいかないから，ほかの考え方をしてみよう（認知の修正）」というようなメタ認知的コントロールがあります。

　Part 3で取り上げた「自ら学ぶ意欲のプロセスモデル」のなかにもメタ認知が登場しましたが，その際には自己調整学習で用いられる「自己調整」という用語も併記しています。自己調整学習はメタ認知を用いた学習と言い換えることができます。

（3）メタ認知能力と無気力の関係

　さて，すでに気づかれた方もいると思いますが，メタ認知能力が獲得され自己調整学習がうまくできる，さらに大人では自己調整によって仕事がうまくできれば，子どもも大人も無気力にはなりにくいことが予想されます。

　たとえば，学習課題で失敗した場面を思い浮かべてください。「アーア，失敗しちゃった。自分はダメな人間かも？」などと思っても，その後の対応ができれば大丈夫でしょう。すでに説明したメタ認知的活動を実践し，失敗の原因を自分の認知特性や課題の特性，さらには方略の良し悪しなどから分析し（メタ認知的モニタリング），その結果に基づいて課題への取り組み方を変えれば（メタ認知的コントロール），おそらくつぎの課題では成功することが期待できます。難しい課題で自分の力ではどうしようもないと判断したときには，適切な方略として他者（クラスメイトや教師）の援助を求めること（これを自発的援助要請といいます）をすれば，失敗せずにすむのではないでしょうか。

このように，メタ認知がうまく使えれば，私たちは学習や仕事をうまく処理して無気力にはならないと予想されます。なお，自己調整学習では，自己調整学習方略の使い方がとくに重要ですが，これについては Part 6 で詳しく紹介します。

4．楽観主義やハーディネスの高い人は無気力になりにくい

　学習性無力感やストレスの研究を通して，無気力になりにくい個人特性の研究もさかんになりました。そうしたなかで代表的な個人特性を 3 つ取り上げます。

　ひとつは楽観主義あるいは楽観性（optimism），二つめはハーディネス（hardiness），そして三つめはレジリエンス（resilience）です。これらはストレスに強い「ストレス耐性（stress tolerance）」をもたらす要因としてまとめることができます。

（1）楽観主義的な原因帰属様式について

　楽観主義の研究で有名なのは，学習性無力感の研究で一世を風靡したセリグマンです。彼のことはすでに紹介しましたが，楽観主義に関する彼の初期の著書『オプティミストはなぜ成功するか』（日本語版は 1991 年出版，Seligman, 1990）を読まれた読者もいるのではないでしょうか。

　彼が主張する楽観主義とは，端的にいえば楽観主義的な原因帰属様式をもつことです。すなわち，失敗事態の原因を「外在的，変動的，特殊的な要因」に帰属し，成功事態の原因を「内在的，安定的，一般的な要因」に帰属する様式をもつ人は楽観主義であり，こうした人は精神的に健康であり，もちろん無気力にもなりにくいということになります。

　たとえば，高校生が数学の試験で悪い点を取ったとき，その原因を「今回の数学の試験にはまったく新しい形式の問題が多く出題されたから」と課題の特殊性（外在的，変動的，特殊的な要因）に帰属したり，英語の試験でよい点を取ったときその原因を「一般的な知能が高いから」と自分の能力（内

在的，安定的，一般的な要因）に帰属したりすることです。そしてこうした原因帰属で大事な点は，領域内（数学といった教科や対人関係など）で安定してみられること，すなわち原因帰属様式になっていることです。

　このような原因帰属様式は，日本人にとって高慢で鼻持ちならないもののように感じられるかもしれませんが，確かに無気力にはなりにくいでしょう。

　ただし，本書ではすでに触れましたが，失敗場面での外在的，変動的，特殊的な要因（たとえば，今回の課題は難しすぎる）というのは，失敗の原因を一時的に外部に押しつけて自分は悪くないといっているような"こじつけられた"要因であり，失敗が続くような場合に挙げられる要因ではないと推論できます。むしろ，自分の力でコントロールできる内在的で変動的な要因である「努力」不足こそが，その後の意欲を促し，成功をもたらす重要な要因になると考えます。

　セリグマンの考えに真正面から反対するわけではありませんが，失敗やネガティブな事態が続くような場合には，努力不足こそが無気力をディフェンスする重要な要因（桜井, 1995a）になるはずです。

（2）ポジティブ・イリュージョンについて

　楽観主義については，セリグマンのように楽観主義的な原因帰属様式からアプローチする研究者もいますが，シェリー・テイラー（女史）のように「ポジティブ・イリュージョン（positive illusion）」からアプローチする研究者もいます。いずれも「ポジティブ心理学」の大御所です。ポジティブ心理学者の多くは，自分を客観的というよりもポジティブに（ある場合には自分に都合がよいように）とらえる人のほうが健康で成功し幸福感を享受できる，という考え方に立っているようです。

　わが国におけるポジティブ・イリュージョンの研究は，私の研究室がおもに推進してきましたので，少し詳しく説明します。

　ポジティブ・イリュージョン（以下では PI と略すこともあります）は日本語に訳せば「ポジティブ幻想」あるいは「肯定的幻想」となるでしょう

か。研究上はポジティブ・イリュージョンとカタカナ書きをします。じつは
この用語あるいはこの現象の説明は結構厄介なので，どのような方法で研究
されたのか（Taylor & Brown, 1988）を紹介することで説明します。

　研究方法としては質問紙を用います。大学生に対して，ネガティブなライ
フイベント（たとえば，がん，交通事故，離婚）が，自分と平均的な人（av-
erage person）にどのくらい起こりやすいか，をたずねます。その結果を分
析すると，調査集団の大多数の大学生が，自分は平均的な人と比べてネガ
ティブなライフイベントが起こりにくいと回答したのです。

　このような結果は論理的におかしいといえます。こうしたライフイベント
の起こりにくい人が大多数というようなことはあるはずがありません。そこ
で集団の多くの人が，自分の将来をポジティブな方向に偏って予測する現象
のことを PI と名付けたのです。研究では自分の将来（たとえば，大金を手
にする，宝くじが当たる）のほかに，自分の性格（たとえば，まじめであ
る，協調性がある）や自分の統制力（コントロール力のこと：たとえば，就
職がうまくいく，才能のある子に恵まれる）なども対象になりました。

　じつはその後の研究（たとえば，外山・桜井, 2001）では，PI のほかに，
PI と対をなす NI（negative illusion：ネガティブ・イリュージョン）という
現象も報告されています。NI は集団において大多数の人が，平均的な他者
に比べて自分の性格や将来，統制力においてネガティブイベントが起こりや
すいとみなす現象です。

　PI と NI は集団における現象ですが，個人に目を移すと，このような現象
が生じるのは各個人が自分の性格や将来，統制力について，他者のそれより
もポジティブ（ネガティブ）に認知するからであると考えられます。社会心
理学では，このようなポジティブな認知を「自己高揚的な認知」，一方ネガ
ティブな認知を「自己卑下的な認知」とよびます。

　テイラーらの主張は，簡単にいえば，自分の性格，自分の将来，自分の統
制力について自己高揚的な認知（ポジティブな認知）をする人は健康的であ
るということで，もちろん無気力にもなりにくいということです。

　さて，わが国での研究結果はどうだったのでしょうか。外山・桜井（2000）

によると，欧米での研究と同様に，自分の性格，自分の将来，自分の統制力のいずれの領域でも，自己高揚的な認知をする人はほかの人に比べて無気力ではないことが確認されました。それゆえ，自分を楽観的にとらえる日本人は欧米人と同様に，無気力にはなりにくいといえます。

　ただ，欧米とは異なる結果もみられました。それは，自分の性格のなかで，①集団としての PI 現象がみられたのは「思いやりがある」「まじめである」といった対人関係において調和を重要視する日本人が気にかける側面のみであり，②欧米では通常みられない NI 現象が「頭の回転が速い（賢い）」「人気がある」といった自己主張を重要視する欧米人がとくに気にかける側面でみられました。

　さらに，②の NI 現象がみられた側面では，自己高揚的な認知をする人とやや控え目に平均的な認知をする人が，その他の人（自己卑下的な認知をする人）よりも無気力ではないことがわかりました。

　日本では伝統的に控え目であることが美徳とされる「頭の回転が速い（賢い）」「人気がある」といった性格の側面では，平均的な回答をしても自己高揚的な（ポジティブな）回答をしても，いずれの人も無気力ではないということが明らかになり，この点が大きな発見のひとつでした。詳しいことをお知りになりたい人は，外山・桜井（2000, 2001）をお読みください。

（3）ハーディネスについて

　ハーディネスは hardy の名詞形であり，語感は強そうです。語感どおりその意味も，たくましさや頑健さとなります。心理学ではカタカナ書きの「ハーディネス」を使いますが，精神的にたくましいパーソナリティ特性で，身体的・精神的な健康に寄与する要因と考えられています。もちろん，無気力にはなりにくいことが予想されます。

　Kobasa（1979）は，ハーディネスを 3 つの要素で構成しました。それらは，以下のとおりです。偶然でしょうか，3 つとも英語の頭文字は C です。

　①コミットメントあるいは没頭（commitment）：生活上のさまざまな領域で没頭していると感じる傾向。

②コントロール（control）：生活上のさまざまな事態において自分がその事態をコントロール可能であると認知する傾向。これは学習性無力感理論における統制可能性の認知と同じです。

③チャレンジ（challenge）：一般にいう挑戦とは違い，予期しなかった変化や脅威となる可能性のある事態を有害な事態としてよりも，将来のためにプラスになる事態とみなす傾向。

このようなハーディネスは，ストレッサーとストレス反応との間で緩衝効果（buffering effect）あるいは直接効果（あるいは主効果：main effect）をもたらすと想定され研究が始まりました。緩衝効果とは，ストレッサーが高いときにのみ，ハーディネスの高さがストレッサーの有害効果を緩和し，結果的に身体的・精神的な健康に寄与するという効果です。一方，直接効果とは，ストレッサーの程度に関係なく，ハーディネスの高さがストレッサーの有害効果を抑えて身体的・精神的な健康に寄与するという効果です。いずれも身体的・精神的な健康に寄与しますが，その寄与の仕方が異なります。Kobasa（1979）は緩衝効果を，小坂・吉田（1992）は直接効果を報告しています。

さて私（桜井，1995b, 1997）はハーディネスに関心をもち，当時卒論指導を担当した学生とともに彼女が卒業した有名進学校の高校生 250 名程度を対象に調査を行いました。ハーディネス尺度を作成し，それと同時にストレッサーと無気力（ストレス反応の一部）も測定して，ハーディネスの効果を検討しました。実際に用いたハーディネス尺度の項目例は以下のとおりです。

①コミットメント：自分には打ち込めるものがありません（逆転項目）。生きがいを感じているものがあります。

②コントロール：幸福になるか不幸になるかは，偶然によって決まると思います（逆転項目）。試験や成績でよい点が取れるかどうかは努力次第だと思います。

③チャレンジ：難しい勉強や仕事でも，自分のためになるならがんばります。苦痛な勉強，部活，仕事でも自分の将来のためにやり通せます。

分析の結果，コミットメント尺度では男子に緩衝効果が，女子に直接効果

がみられました。男子の場合にはストレッサーが高くなったときにのみ，コミットメントの高さが無気力を抑制するという現象が，女子ではコミットメントの高さがストレッサーの程度に関係なく無気力を抑制する現象がみられました。

　一方，チャレンジ尺度では男女とも直接効果が，ハーディネス尺度全体でも男女とも直接効果がみられました。ただしコントロール尺度ではいずれの効果もみられませんでした。学習性無力感理論から考えても効果があるはずですが，予想に反する結果となりました。なぜなのかよくわかりません。進学校の高校生だったからでしょうか。詳しい検討が必要です。

　しかし全体としては，高校生でもハーディネスが高いと無気力にはなりにくいといえます。

（4）レジリエンスについて

　近年，心理学の著書だけでなく一般的な読み物にも「レジリエンス」という用語を見かけるようになりました。日本語に訳せば，回復することあるいは回復力となりますが，カタカナ書きのレジリエンスを用いることが多いようです。

　心理学におけるレジリエンスは「困難な経験から立ち直ること，あるいはそうした力」を意味します。もう少し詳しく説明すると，適応や発達に深刻な脅威をもたらすような状況から，一時的な落ち込みはあるものの“しなやかに”立ち直れること，あるいはそうした力のことを指します。悲惨な出来事を経験した子どもたちや，貧困や劣悪な家庭環境等の問題を抱える子どもたちの研究から提唱されました。典型的なストレス耐性の要因と考えられます。なおレジリエンスの対概念となるのは脆弱性（vulnerability）です。

　それではレジリエンスを構成する要素とは何でしょうか。これまでの研究（たとえば，Beltman, Mansfield, & Price, 2011；小塩，2012）によれば，効力感や有能感，安定したアタッチメント，楽観主義，信頼できる他者からの実際のサポートあるいはサポート感，対人関係スキル，コミットメント（没頭），ユーモアのセンスなどが挙げられています。

こうした要素のなかには，この Part 4 で取り上げているもの（効力感や有能感，安定したアタッチメント，楽観主義，信頼できる他者からのサポートあるいはサポート感，対人関係スキル，コミットメント）が多く含まれています。このようなことから，レジリエンスという概念は個人的には無気力になりにくい特性をまとめたものともいえると思います。

5．将来の夢や目標をもっている人は無気力になりにくい

Part 2 では，無気力が引き起こされる原因のひとつとして，目標がもてないこと（無目標）を挙げました。目標は自分で設定することもありますが，学習場面では教師が，仕事場面では上司が設定することも多く，そうした目標を自分の目標として受け入れ，そして本人にある程度の効力感があれば，学習でも仕事でも順調に進めることができるでしょう。日々の学習や仕事に関する目標はこうしたものが多いかもしれません。

（1）将来や人生の目標について

一方，将来は教師になりたいとか，健康で気が置けない人と楽しく過ごせるような人生を送りたい，といった将来の目標や人生の目標についてはどうでしょうか。教師や親などの重要な他者から与えられたそうした目標でも，おそらく安易に受け入れることはできないでしょう。そのときは適切な目標であるように思えても，一端は留保し，納得がいくまで考えて受け入れることになるのではないでしょうか。そしてこのような経緯を経た目標は，他者から与えられた目標というよりも，他者の意見を参考にして自分で決定した目標というほうが適切です。将来や人生の目標は自分の一生を左右する大事な目標となりますので，自分で決めるのが望ましいといえます。

自分が決めた将来や人生の目標であれば，心底からそれを追い求めることができます。しかしどうしてもその達成が難しいような場合，あるいは気持ちが大きく変わり別の目標にしたいというような場合には率直に目標を修正すれば大丈夫です。新たな目標の達成をめざして再びがんばれるでしょう。

一時的に無気力になったとしても，無気力が続くことはありません。

（2）自律的な将来・人生目標について

　さて，自己決定理論を構成するミニ理論のひとつである目標内容理論（た
とえば，Ryan & Deci, 2017；西村, 2019）によれば，たとえそれが自己決定
した将来・人生目標であるように思えても，本来的（authentic）に"自分
が他者によってコントロールされて生まれた目標（他律的な目標）"である
場合には，そうでない目標と比べると目標を追求している間も，そして達成
されてからも無気力などの精神的な不健康になりやすいことが示されていま
す。

　具体的に説明しましょう。表4-2をご覧ください。

　この表には中学生を対象に，将来や人生の目標を測定する項目が例示され
ています。調査で使用する質問項目であるため，やや抽象的な表現になって
います。最初にあるのは本来的に自律的な将来・人生目標の項目例であり，
つぎにあるのが他律的な将来・人生目標の項目例です。自律的な将来・人生
目標には自己成長，親密性の獲得，社会貢献，身体的健康を志向するもの，
他律的な将来・人生目標には金銭的成功，外見的魅力，社会的名声を志向す
るものがあります。

　現実的には"自律的な将来・人生目標が主となり，他律的な将来・人生目
標が従となるように"将来・人生目標をもつことが精神的な健康や幸福感に
つながるとされます（櫻井, 2020）。

　他律的な将来・人生目標を強くもちそれを追求していると，多くの場合，
その背景にある理由（たとえば，過去に周囲の他者にバカにされたため，お
金持ちになったり，イケメンになったり，さらには有名になったりすること
でそうした他者を見返してやりたいというような理由）が他者にコントロー
ルされている理由であるため，このような目標を追求する過程でも目標が達
成されてからも，本来の自分（ほんとうの自分：「オーセンティック・セル
フ（authentic self）」といいます）に戻ったときには幸福感を感じられな
かったり，精神的に不健康になったりすることが仮定され，欧米における研

表 4-2　子どもの人生・将来目標を測定する項目の例（櫻井, 2017）

●自律的な人生・将来目標
　⑴　自己成長
　　　・自分について多くのことを知り，成長すること
　　　・生き方や人生を自分なりに選ぶこと
　⑵　親密性の獲得
　　　・自分のことを気にかけて，支えてくれる人がいること
　　　・頼りになる友だちをもつこと
　⑶　社会貢献
　　　・困っている人を助けること
　　　・人の役に立ち，世の中をよくすること
　⑷　身体的健康
　　　・元気で暮らせること
　　　・健康であること
●他律的な人生・将来目標
　⑴　金銭的成功
　　　・ぜいたくなものをたくさん買うこと
　　　・お金がたくさんもらえる仕事につくこと
　⑵　外見的魅力
　　　・見た目がすてきだといわれること
　　　・かっこよく（または，かわいく）なること
　⑶　社会的名声
　　　・有名になること
　　　・えらくなり，人から認められること

　注）「あなたはどんな人生や生き方を望んでいますか」と問い，各項目に対して
　　　重要度を評定してもらうとよい。

究（たとえば，Kasser & Ryan, 1993, 1996）でそれが実証されています。も
ちろん，私たちは多分に他律的な将来・人生目標ももちたいと思うでしょう
から，さきに述べたとおり，過度にならない程度にもつことは大丈夫です。
あくまでも自律的な将来・人生目標を主としてもつことが大事です。

　さて，わが国の中学生はまだ他律的な将来・人生目標を強くもつようで
す。しかし中学生は高校生に比べると，確固とした自己が形成されていない
ために，夢のような（他律的な）将来・人生目標をもつようで，私どもの研
究（西村・鈴木・村上・中山・櫻井, 2017；菅原, 2018）では，他律的な将
来・人生目標を強くもっていても予想されるようなネガティブな影響（無気
力になるなど）は少ないことがわかりました。

　おそらくは高校生くらいから，将来や人生の目標をもつこと，そしてその

目標が他者からコントロールされているような他律的な目標ではなく本来的に自律的な目標であることが，無気力になりにくい目標のもち方であるといえるでしょう。

6．確かなコーピング・スキルをもっている人は無気力になりにくい

　Part 2 で，ストレスと無気力の話をした際に，コーピングやコーピング・スキルについても説明しました。ストレスフルなネガティブ事態に遭遇しても，そうした事態に対処できるスキルをもっていれば，その事態をコントロールできるため無力感や絶望感に陥ることはなく，そして無気力にもなりにくいといえます。したがって，確かなコーピング・スキルを身につけている人は無気力にはなりにくいのです。

　そうしたコーピング・スキルのなかには「自発的援助要請」も含まれます。他者に援助を要請するわけですから，その事態に対処できる力は自分のなかにありません。

　たとえば，課内での営業成績が最下位であった場合を考えてみましょう。営業スキルがないことが原因であるとわかっても，それを自分の力だけで習得できないこともあります。そのようなとき，営業成績がよくしかも面倒見のよい先輩に自分からていねいにお願いして，営業スキルを教えてもらい身につけることは大事なことではないでしょうか。

　他者に援助を要請しますが，要請して援助を勝ち取るのは自分のコミュニケーション力によるわけです。自分のコミュニケーション力によって得られた営業スキルを用いて，営業成績が最下位というネガティブな事態を脱することができれば，これはネガティブな事態を自分でコントロールした，といえるでしょう。このようなかたちでも最終的に自分でネガティブな事態をコントロールできれば無気力にはなりにくいのです。

　なお，広くみれば，表 4-3 に示されているような「社会的スキル」を身につけておくことが大事です。表の II「高度のスキル」の 9 に「助けを求める」というスキルが入っています。高度のスキルということですから，自分

から援助を求めることは簡単ではないことがわかります。そのほかにも，Ⅳの「攻撃に代わるスキル」，Ⅴの「ストレスに対処するスキル」などはとくに参考になると思います。

　ところで，奈良教育大学に勤めていたとき，私は学部の学生を対象に，抑うつ（無気力も含みます）対処行動と抑うつ傾向との関係を調査しました（桜井，1997）。抑うつ対処行動とはうつになりそうなときに取られる対処行

表4-3　若者のための社会的スキル（菊池，2014を一部修正）

Ⅰ　初歩的なスキル	Ⅳ　攻撃に代わるスキル
1. 聞く	22. 許可を求める
2. 会話を始める	23. 分け合う
3. 会話を続ける	24. 他人を助ける
4. 質問する	25. 和解する
5. お礼をいう	26. 自己統制をする
6. 自己紹介する	27. 権利を主張する
7. 他人を紹介する	28. いじめを処理する
8. 敬意を表す	29. 他人とのトラブルを処理する
Ⅱ　高度のスキル	30. ファイトを保つ
9. 助けを求める	Ⅴ　ストレスに対処するスキル
10. 参加する	31. 不平をいう
11. 指示を与える	32. 苦情に応える
12. 指示に従う	33. ゲームの後にスポーツマンシップを示す
13. 謝る	34. 当惑を処理する
14. 納得させる	35. 無視されたことを処理する
Ⅲ　感情処理のスキル	36. 友人のために主張する
15. 自分の感情を知る	37. 説得に対応する
16. 感情を表現する	38. 失敗を処理する
17. 他人の感情を理解する	39. 矛盾したメッセージを処理する
18. 他人の怒りを処理する	40. 非難を処理する
19. 愛情を表現する	41. むずかしい会話に応じる
20. 恐れを処理する	42. 集団圧力に対応する
21. 自分を責める	Ⅵ　計画のスキル
	43. 何をするか決める
	44. 問題がどこにあるか検討する
	45. 目標を設定する
	46. 自分の能力を知る
	47. 情報を集める
	48. 問題を重要な順に並べる
	49. 決定を下す
	50. 仕事に集中する

動のことですが，これについては大きく8種類の対処行動が見出されました。

　比較的多く取られた対処行動には，①友達に電話をして話を聞いてもらう，というような友達に助けを求める「友達対処行動」，②好きな音楽を聴く，というような音楽に癒しを求める「音楽対処行動」，そして③テレビを見る，漫画や雑誌を読む，というような楽しいことに癒しを求める「楽しみ対処行動」でした。

　このうちで実際に抑うつ傾向を抑制する方向に作用した対処行動は三番めの「楽しみ対処行動」のみでした。うつになれば無気力が生じることが多いので，うつになりそうなときには，テレビを見る，ビデオを見る，好きなことをする，楽しいことを考える，漫画や雑誌を読むなどといった楽しみ対処行動をすることが有効なようです。

　ただし，これらはどちらかといえば「気晴らし」の範疇に入る対処行動で，ネガティブな事態に対する積極的な対処に時間がかかるような場合の一時しのぎの対処行動といえます。最終的には抑うつをもたらす本来の原因を解消する積極的な対処行動は欠かせません。

　なお，個々人によって自分に適した気晴らし対処行動も異なると考えられますので，平素から自分に有効な気晴らし対処行動を見出しておくとよいでしょう。

■引用文献

Beltman, S., Mansfield, C., & Price, A. (2011). Thriving not just surviving: A review of research on teacher resilience. *Educational Research Review, 6*, 185-207.

Kasser, T., & Ryan, M. R. (1993). A dark side of the American dream: Correlates of financial success as a central life aspiration. *Journal of Personality and Social Psychology, 65*, 410-422.

Kasser, T., & Ryan, M. R. (1996). Further examining the American dream: Differential of intrinsic and extrinsic goals. *Personality and Social Personality Bulletin, 22*, 80-87.

菊池章夫 (2014). さらに／思いやりを科学する——向社会的行動と社会的スキル　川島書店

Kobasa, S. C. (1979). Stressful life events, personality, and health: An inquiry into hardiness. *Journal of Personality and Social Psychology, 37*, 1-11.

小林　真（2010）．人間関係の発達　櫻井茂男（編）たのしく学べる最新発達心理学——乳幼児から中学生までの心と体の育ち（pp.125-142）　図書文化社

国立教育政策研究所（2017）．非認知的（社会情緒的）能力の発達と科学的検討手法についての研究に関する報告書

小坂守孝・吉田　悟（1992）．ハーディネス，ストレッサーと心理的健康との関係性：管理職者を対象にした調査研究　慶應義塾大学社会学研究科紀要, *34*, 43-50.

望月　瞳（2017）．大学生における両親とのアタッチメント関係と無気力感との関連性　立教大学臨床心理学研究, *11*, 11-23.

村上達也・櫻井茂男（2014）．児童期中・後期におけるアタッチメント・ネットワークを構成する成員の検討——児童用アタッチメント機能尺度を作成して　教育心理学研究, *62*, 24-37.

西村多久磨（2019）．自己決定理論　上淵　寿・大芦　治（編）新・動機づけ研究の最前線（pp.45-73）　北大路書房

西村多久磨・鈴木高志・村上達也・中山伸一・櫻井茂男（2017）．キャリア発達における将来目標の役割：生活満足度，学習動機づけ，向社会的行動との関連から　筑波大学心理学研究, *53*, 81-89.

小塩真司（2012）．レジリエンスのある教師　指導と評価, 12月号, 25-27.

小塩真司（編著）（2021）．非認知能力——概念・測定と教育の可能性　北大路書房

Ryan, R. M., & Deci, E. L. (2017). *Self-determination theory: Basic psychological needs in motivation, development, and wellness.* New York, NY: Guilford Press.

坂野雄二・東條光彦（1986）．一般性セルフ・エフィカシー尺度作成の試み　行動療法研究, *12*, 73-82.

桜井茂男（1992）．教育学部生の教師効力感〈小講演〉　日本教育心理学会第34回総会発表論文集, L1.

Sakurai, S. (1994). *Teacher efficacy and teacher training.* Paper presented at the 23rd International Congress of Applied Psychology in Madrid, Spain.

桜井茂男（1995a）．「無気力」の教育社会心理学——無気力が発生するメカニズムを探る　風間書房

桜井茂男（1995b）．高校生におけるハーディネスとストレスの関係　日本教育心理学会第37回総会発表論文集, 85.

桜井茂男（1997）．現代に生きる若者たちの心理——嗜癖・性格・動機づけ　風間書房

櫻井茂男（2017）．自律的な学習意欲の心理学——自ら学ぶことは，こんなに素晴らしい　誠信書房

櫻井茂男（2019）．自ら学ぶ子ども——4つの心理的欲求を生かして学習意欲をはぐくむ　図書文化社

櫻井茂男（2020）．学びの「エンゲージメント」——主体的に学習に取り組む態度の評価と育て方　図書文化社

桜井茂男・桜井登世子（1991a）．児童用領域別効力感尺度作成の試み　奈良教育大学教育研究所紀要, *27*, 131-138.

桜井茂男・桜井登世子（1991b）．大学生用シャイネス（shyness）尺度の日本語版の作成と妥当性の検討　奈良教育大学紀要, *40*, 235-243.

三宮真智子（2018）．メタ認知で〈学ぶ力〉を高める——認知心理学が解き明かす効果的学習法　北大路書房

Seligman, M. E. P. (1990). *Learned optimism*. New York, NY: A.A. Knopf. 山村宜子（訳）(1991). オプティミストはなぜ成功するか　講談社

菅原宏明 (2018). 中学生の仕事価値観の構造と機能の検討　平成 29 年度筑波大学大学院人間総合科学研究科（心理専攻）修士論文

竹綱誠一郎・鎌原雅彦・沢崎俊之 (1988). 自己効力に関する研究の動向と問題　教育心理学研究, 36, 172-184.

Taylor, S. E., & Brown, J. D. (1988). Illusion and well-being: A social psychological perspective on mental health. *Psychological Bulletin, 103*, 211-222.

外山美樹・桜井茂男 (2000). 自己認知と精神的健康の関係　教育心理学研究, 48, 454-461.

外山美樹・桜井茂男 (2001). 日本人におけるポジティブ・イリュージョン現象　心理学研究, 72, 329-335.

Part 5

無気力はどのように測ればよいのか？

　無気力の定義については Part 1 で，無気力の原因については Part 2 で，そして無気力の形成と関係する要因については Part 3 と Part 4 でそれぞれ説明しました。

　そこでこの Part 5 では，無気力と関連する概念および無気力の形成に関係する要因，具体的にいえば無気力，絶望感，有能感，効力感，評価懸念，達成目標を，比較的容易に測れる自己評定式の質問票を紹介します。

　著作権等の関係で本物の質問項目を提示することはできませんので，私がアレンジしたものとなりますが，それでもかなり正確に測定できるはずです。

　まずは評定してみてください。ご自身はもちろんですが，子どもを含め周囲の方も評定できます。

1．無気力と絶望感を測る

（1）無気力を測る

　心理学などの文献を調べてみましたが，無気力のみを測定する代表的な質問票は見つけることができませんでした。そこで，ストレス反応に関する文献（嶋田・戸ヶ崎・坂野, 1994；鈴木ほか, 1997 など）を参考にして独自に

作成しました。どなたでも簡単に評定できますので，トライしてみてください。

ここ2週間程度のあなたの様子についておたずねします。つぎの質問に，「はい」あるいは「いいえ」で回答してください。

①やる気がしない。　　　　　　　　（はい・いいえ）

②がんばれない。　　　　　　　　　（はい・いいえ）

③仕事や勉強が手につかない。　　　（はい・いいえ）

④力が湧いてこない。　　　　　　　（はい・いいえ）

⑤物事に集中できない。　　　　　　（はい・いいえ）

⑥根気がない。　　　　　　　　　　（はい・いいえ）

⑦何をしてもできる気がしない。　　（はい・いいえ）

⑧自信がない。　　　　　　　　　　（はい・いいえ）

上記の8つの質問のうち，「はい」が5つ以上あれば無気力が疑われます。8つの質問のすべての語尾が「ない」で終わっている，“ないない尽くし”の質問票です。これらを読んでいて気分が悪くなった方は一度休憩をとってください。

なお，上記の項目は領域を限定しない自己全般についての無気力を測定しますが，場合によっては，学業場面とか仕事場面，あるいは文言を少し修正して対人関係場面に限定して回答すると，どのような領域でもっとも無気力になっているのかがわかります。

（2）抑うつについて

無気力がそれ自体の要素として測定されないのには理由があります。それは，無力感や絶望感によってもたらされる症状群としてもっとも一般的なのが「抑うつ（うつ）」だからです。そして抑うつのひとつの症状として，無気力が位置づけられます。

そこで，ここでは抑うつについて簡単に説明します。無気力は抑うつの動

機づけ（やる気）面の症状ですが，そのほかにも以下のような症状があります（島・鹿野・北村・浅井, 1985；坂本, 2009）。

---

①身体的症状：食欲がない，眠れない，疲れやすい，からだがだるい，など。

②感情的症状：憂うつだ，悲しい気分だ，寂しい，これまで楽しめたことが楽しく感じられない，など。

③心理的症状：自分には能力がないと思う，自分には価値がないと思う（自分はダメな人間だと思う），みんながよそよそしいと思う，みんなが自分を嫌っていると思う，など。

④認知・行動的症状：何をするのも面倒だ，過去のことについてくよくよ考える，普段より口数が少ない，など。

　ここでは具体的な質問票はお示ししませんが，上記のような状態像であることがわかればご自身が抑うつに該当するかどうかは推測できると思います。

　なお，抑うつは臨床心理学や精神医学のなかでとてもメジャーな問題です。それゆえ，抑うつを測定する専門的な質問票は早くから開発されています。わが国でよく用いるのは，子ども用として CDI（Kovacs, 1983）の日本語版（桜井, 1987a；桜井, 1995），大人用は SDS（Zung, 1965）の日本版（福田・小林, 1973）や BDI（Beck, 1967）の日本版（林, 1988 など）です。もちろん，これらの質問票の項目を精査すると，無気力を測定する項目もかならず入っています。詳しいことをお知りになりたい方は論文等でお調べください。

（3）絶望感を測る

　絶望感とは将来もネガティブな事態が続き，しかもそれに対処できないと予期することです。こうした絶望感についてはいくつかの尺度が作成されています。わが国でよく用いるのは，大人用としてベックらのホープレスネス

尺度（Beck, Weissman, Lester, & Trexler, 1974）の日本語版（桜井,
1987b；桜井・桜井, 1992），子ども用としてはカズディンらのホープレスネ
ス尺度（Kazdin, French, Unis, Esveldt-Dawsan, & Sherick, 1983）の日本
語版（桜井, 1989）などです。ここでは大人用の短縮版をもとにアレンジし
たものをお示ししますので，評定してみてください。

　表5-1にその質問票があります。表にある指示にしたがって，あてはまる
数字に○をつけてください。逆転項目（R）以外は，○をつけた数字が項目
得点になります。逆転項目については1が4点，2が3点，3が2点，4が1
点としてください。10項目の得点を足し上げれば，合計点がでますので，
その点を表に書き込んでください。

　これまでの研究をもとに推計すると，22点以上（上位30％程度）であれ
ば，絶望感が高く無気力である可能性が高いといえます。

　なお，絶望感とともに無力感が無気力の重要な原因となることはすでに説
明しましたが，無力感はネガティブな事態について統制不可能なことの認知

表5-1　絶望感尺度（大人用）
　　　　　（桜井, 1987b；桜井・桜井, 1992に基づいて作成）

●つぎの各問について，自分にもっともよくあてはまると思う数字に○をつけてください。
●選択肢の意味
「はい（4）」「どちらかといえばはい（3）」「どちらかといえばいいえ（2）」「いいえ（1）」

①将来に期待がもてる。（R）	1 − 2 − 3 − 4
②自分の力でうまくできないことはあきらめる。	1 − 2 − 3 − 4
③将来のことを考えると，頭に浮かぶのは楽しくないことが多い。	1 − 2 − 3 − 4
④物事がうまくいかないとき，いつまでもそういう状態が続くは 　ずはないと思う。（R）	1 − 2 − 3 − 4
⑤自分の将来は暗いように思う。	1 − 2 − 3 − 4
⑥物事は結局自分の思い通りにならないと思う。	1 − 2 − 3 − 4
⑦将来，自分が重要と思っていることで成功できると思う。（R）	1 − 2 − 3 − 4
⑧どうしてもほしいものでさえ，手に入らないと思う。	1 − 2 − 3 − 4
⑨自分の将来が明るいことを信じている。（R）	1 − 2 − 3 − 4
⑩自分の将来がどうなるか，予測がつかない。	1 − 2 − 3 − 4

●合計得点（　　　　点）

注）（R）の印がついた逆転項目については，1が4点，2が3点，3が2点，4が1点と，普通の
　　項目（1が1点，2が2点，3が3点，4が4点）とは反対に得点化する。

ですので，ネガティブな事態に対して自分では対処できないかどうかを問えばよいことになります。あるいは，ネガティブな事態における原因帰属において，その原因が統制不可能な要因であるかどうかを問うてもよいといえます。したがって，統制不可能な認知の測定項目は表3-1に示されていますので，そちらを参照してください。

2．有能感と効力感〈無気力に強い心性〉を測る

　無力感や絶望感の対極となる概念として，有能感や効力感があることはすでに説明しました。有能感は自分が有能であるという自己認知であり，効力感は「自分はやればできる」という自己認知です。一般的に効力感は有能感の積み重ねによって高まると考えられます。

　いずれも領域（たとえば，学業，友人関係，運動）を限定して測定できますが，自己全般を対象にして測定することも多いようです。

　大人用の適当なものが見あたらないため，ここでは私どもが作成した子ども用の有能感尺度（桜井, 1992）と効力感尺度（桜井・桜井, 1991；桜井, 1999）のなかから，自己についての有能感（自己有能感）と自己についての効力感（自己効力感）を測定する尺度をアレンジして紹介します。子ども用ではありますが，内容的にみると大人でも適用可能です。チャレンジしてみてください。

　なお，自己の領域以外の効力感の項目例はPart 4で紹介しました。有能感でも効力感でもすべての領域の全項目がお知りになりたい方は上記の論文をご参照ください。

　それでは，表5-2をご覧ください。いずれの質問票も8項目で構成されています。表にある指示にしたがって，あてはまる数字に○をつけてください。逆転項目（R）以外は，○をつけた数字が項目得点になります。逆転項目については1が4点，2が3点，3が2点，4が1点としてください。8項目の得点を足し上げれば合計得点がでますので，表の合計欄に記入してください。

表 5-2　自己有能感尺度と自己効力感尺度（おもに子ども用）
（桜井, 1992, 1999；桜井・桜井, 1991 に基づいて作成）

●つぎの各問について, 自分にもっともよくあてはまると思う数字に○をつけてください。
●選択肢の意味
「はい (4)」「どちらかといえばはい (3)」「どちらかといえばいいえ (2)」「いいえ (1)」

■自己有能感　（合計　　　点）
　①自分に自信がある。　　　　　　　　　　　　　　　　　　　　　　　　1 - 2 - 3 - 4
　②たいていのことは, 人よりうまくできる。　　　　　　　　　　　　　　1 - 2 - 3 - 4
　③自分には人に自慢できるところがたくさんある。　　　　　　　　　　　1 - 2 - 3 - 4
　④何をやってもうまくいかないような気がする。(R)　　　　　　　　　　1 - 2 - 3 - 4
　⑤いまの自分に満足している。　　　　　　　　　　　　　　　　　　　　1 - 2 - 3 - 4
　⑥自分はあまり役に立たない人間だ。(R)　　　　　　　　　　　　　　　1 - 2 - 3 - 4
　⑦自分の意見は自信をもっていえる。　　　　　　　　　　　　　　　　　1 - 2 - 3 - 4
　⑧失敗をするのではないかといつも心配だ。(R)　　　　　　　　　　　　1 - 2 - 3 - 4

■自己効力感　（合計　　　点）
　①努力をすれば, ある程度は自分が願う人生が歩めると思う。　　　　　　1 - 2 - 3 - 4
　②現在不幸ならば, どんなにがんばっても不幸は続くと思う。(R)　　　　1 - 2 - 3 - 4
　③がんばれば, 明るい未来が開けると思う。　　　　　　　　　　　　　　1 - 2 - 3 - 4
　④楽しい生活は, どんなに努力してもできないと思う。(R)　　　　　　　1 - 2 - 3 - 4
　⑤いくら努力しても, 自分が望んでいる人生は歩めないと思う。(R)　　　1 - 2 - 3 - 4
　⑥現在不幸でも, その気になってがんばれば幸福な生活ができるよ
　　うになると思う。　　　　　　　　　　　　　　　　　　　　　　　　　1 - 2 - 3 - 4
　⑦どんなにがんばってみても, 自分には明るい未来はないと思う。(R)　　1 - 2 - 3 - 4
　⑧楽しい生活をもとめて努力すれば, きっとそうなると思う。　　　　　　1 - 2 - 3 - 4

注）(R) の印がついた逆転項目については, 1 が 4 点, 2 が 3 点, 3 が 2 点, 4 が 1 点と, 普通の
　　項目（1 が 1 点, 2 が 2 点, 3 が 3 点, 4 が 4 点）とは反対に得点化する。

　小学 5, 6 年生のデータに依拠すると, 自己有能感の平均は 20 点くらいで
す。したがって, 25 点以上であれば自己有能感が高いといえるでしょう。
一方, 15 点以下であれば自己有能感が低く, 無気力である可能性が高いと
考えられます。ただ, 大人の場合には子どもに比べると平均が低くなる傾向
があります。2, 3 点は差し引いて比較してみてください。
　さきに述べたとおり, これは自己有能感の得点なので, この得点が低い場
合, どの領域の有能感（学業, 運動, 仲間関係）の低さがこの得点に影響し
ているのかを探ることも重要と考えます。

　つぎは自己効力感についてですが, 同じように小学 5, 6 年生のデータに
依拠すると, 平均は 27 点くらいのようです。項目得点は 1 点から 4 点で,

その真ん中は 2.5 点になります。それを用いて理論的な平均を求めると 20点（2.5 点× 8 項目）となります。したがって，27 点というのは高いほうに偏っているといえるでしょう。オーソドックスには，自己有能感と同様に，25 点以上であれば自己効力感が高く，15 点以下であれば低いと考えてよいでしょう。15 点以下であれば，無気力である可能性は高いと思われます。ただ，大人の場合はさらに 2，3 点を差し引いて判断してください。

　また合計得点が低い場合，その原因については，自己有能感のときと同様に，領域別の効力感を測定し吟味することが有益であるといえます。

3．評価懸念〈無気力になりやすい特性〉を測る

　評価懸念とは，他者から否定的に評価されるのではないかと心配する傾向です。これはすでに述べたとおり，無気力になりやすい典型的な個人特性のひとつです。ここでは，私が作成した尺度（桜井，1993，1995）をもとにこの測定法を紹介します。

　表 5-3 をご覧ください。表にある指示にしたがって，あてはまる数字に○をつけてください。逆転項目（R）以外は，○をつけた数字が項目得点になります。逆転項目については 1 が 4 点，2 が 3 点，3 が 2 点，4 が 1 点としてください。9 項目の得点を足し上げれば，合計点がでますので，表に書き込んでください。

　これまでの研究をもとに推計すると，平均は 26 点くらいになるようです。したがって，30 点以上であれば，評価懸念が高く無気力である可能性も高いといえるでしょう。

　なお，Part 3 では無気力になりやすい特性のひとつとして「完璧主義」も紹介しました。この質問票については多種多様なものが作成されています。関心のある方は拙著『完璧を求める心理』（櫻井，2019）をご参照ください。

表 5-3 評価懸念尺度（大人用）

(桜井, 1993, 1995 に基づいて作成)

●つぎの各問について，自分にもっともよくあてはまると思う数字に○をつけてください。
●選択肢の意味
「そう思う（4)」「ややそう思う（3)」「ややそう思わない（2)」「そう思わない（1)」

①まわりの人が私のことをどう思っているか気になる。	1 - 2 - 3 - 4
②私に対するうわさに思い悩むことはない。(R)	1 - 2 - 3 - 4
③まわりの人が私の欠点に気づきはしないかと心配になる。	1 - 2 - 3 - 4
④自分はたいしたことはできないとわかっていても，まわりの人が私のことをどう思うか気になる。	1 - 2 - 3 - 4
⑤まわりの人に気に入られなくても，なんともない。(R)	1 - 2 - 3 - 4
⑥人と話をするとき，その人が私のことをどう思うか気になる。	1 - 2 - 3 - 4
⑦私がまわりの人にどんな印象を与えているのか，心配することはない。(R)	1 - 2 - 3 - 4
⑧まわりの人から「役立たず」と思われないか不安になる。	1 - 2 - 3 - 4
⑨まわりの人が私に好ましくない印象を抱いているとわかっても，気にならない。(R)	1 - 2 - 3 - 4

●合計得点（   点）

注) (R) の印がついた逆転項目については，1が4点，2が3点，3が2点，4が1点と，普通の
項目（1が1点，2が2点，3が3点，4が4点）とは反対に得点化する。

4．達成目標〈無気力になりにくい・なりやすい目標〉を測る

　達成目標は自分の有能さを追求しようとする目標ですが，この目標のもち方によって無気力になりやすかったり，なりにくかったりします。Part 3 で説明したとおり，達成目標は2つに大別されます。そのうちの遂行目標を強くもつ人は無気力になりやすく，もう一方の熟達目標を強くもつ人は無気力になりにくいことがわかっています。

　自分がどちらの目標を強くもっているのかは表3-3に示されている各目標の特徴を読み自分にあてはめてみれば，直感的に判断できます。ただ，ここでは直感ではなく科学的な質問票によって二つの目標の強さを測ることにします。

　それでは，大学生の学習における達成目標（「学習目標」といいます）を測定した研究（桜井, 1993, 1994, 1995）に基づいて，質問票を紹介します。

　表5-4をご覧ください。いずれの質問票も5項目で構成されています。表

表 5-4　学習目標尺度（大学生用）
（桜井, 1993, 1994, 1995 に基づいて作成）

●勉強について，あなたの考えをおたずねします。つぎの各問について，自分にもっと
　もよくあてはまると思う数字に○をつけてください。
●選択肢の意味
「非常にあてはまる（6）」「かなりあてはまる（5）」「ややあてはまる（4）」「ややあては
まらない（3）」「あまりあてはまらない（2）」「まったくあてはまらない（1）」
■遂行目標　（合計　　　点）
　①成績の良し悪しが大切であって，勉強の過程がどうな
　　のかは二の次である。　　　　　　　　　　　　　　　1 - 2 - 3 - 4 - 5 - 6
　②友人から優秀であると認められることが重要である。　1 - 2 - 3 - 4 - 5 - 6
　③ほかの人よりもよい点を取るために勉強をする。　　　1 - 2 - 3 - 4 - 5 - 6
　④成功とは，自分が前よりもできるようになることとい
　　うよりも，ほかの人よりも秀でることである。　　　　1 - 2 - 3 - 4 - 5 - 6
　⑤努力しなくても，よい点を取れることが立派である。　1 - 2 - 3 - 4 - 5 - 6
■熟達目標　（合計　　　点）
　①新しいことが知りたくて勉強をする。　　　　　　　　1 - 2 - 3 - 4 - 5 - 6
　②難しい問題に挑戦することが楽しい。　　　　　　　　1 - 2 - 3 - 4 - 5 - 6
　③自分で学び成長することがうれしい。　　　　　　　　1 - 2 - 3 - 4 - 5 - 6
　④勉強それ自体がおもしろくて勉強をすることが多い。　1 - 2 - 3 - 4 - 5 - 6
　⑤わかろうと努力することが楽しい。　　　　　　　　　1 - 2 - 3 - 4 - 5 - 6

注）得点化は，1が1点，2が2点，……6が6点とする。

にある指示にしたがって，あてはまる数字に○をつけてください。なおこの質問票は1～6までの6段階評定となっています。選択肢の意味を理解し，あてはまる数字に○をつけてください。

　回答が終わりましたら採点です。各項目の○のついている数字が得点になります。5項目の得点を足し上げれば合計得点がでますので，表のそれぞれの合計欄に記入してください。

　各合計点の理論的な平均は17.5点（3.5点×5項目）になります。これまでの研究をもとに推計すると，遂行目標の平均は14点くらい，熟達目標の平均は19点くらいです。熟達目標の平均が高いことは，無気力になりにくい大学生が多いということで，望ましいことだと思います。

　おおまかにいえば，遂行目標は19点以上であればかなり高く，無気力になりやすいといえるでしょう。一方，熟達目標は15点以下であればかなり低く無気力になりやすく，23点以上であればかなり高く無気力にはなりに

くいといえます。

　さらに両得点をクロスして考えると，もっとも無気力になりやすいのは，遂行目標が 19 点以上で熟達目標が 15 点以下の場合です。一方，もっとも無気力になりにくいのは，遂行目標が 9 点以下で熟達目標が 23 点以上の場合です。あなたの結果はいかがでしたでしょうか。

　以上はおおまかな推定値ですので，そのことにはご配慮ください。

　なお，達成目標については近年新たな分類法に基づく質問票も開発されています。関心のある方は山口（2012）などをご参照ください。

■引用文献

Beck, A. T. (1967). *Depression: Clinical, experimental, and theoretical aspects.* New York, NY: Harper and Row.

Beck, A. T., Weissman, A., Lester, D., & Trexler, L. (1974). The measurement of pessimism: The hopelessness scale. *Journal of Consulting and Clinical Psychology, 42,* 861-865.

福田一彦・小林重雄（1973）. 自己評価式抑うつ性尺度の研究　精神神経学雑誌, *75,* 673-679.

林　　潔（1988）. 学生の抑うつ傾向の検討　カウンセリング研究, *20,* 162-169.

Kazdin, A. E., French, N. H., Unis, A. S., Esveldt-Dawsan, K., & Sherick, R. B. (1983) Hopelessness, depression, and suicidal intent among psychiatrically disturbed inpatient children. *Journal of Consulting and Clinical Psychology, 51,* 504-510.

Kovacs, M. (1983). *The children's depression inventory: A self-rated depression scale for school-aged youngsters.* Unpublished manuscript, University of Pittsburgh.

坂本真士（2009）. ネガティブ・マインド——なぜ「うつ」になる，どう予防する　中央公論新社

桜井茂男（1987a）. 児童の絶望感および抑うつに及ぼす原因帰属の影響　日本相談学会第 20 回大会発表論文集, 72-73.

桜井茂男（1987b）. 大学生の絶望感および抑うつに及ぼす原因帰属の影響　日本心理学会第 51 回大会発表論文集, 591.

桜井茂男（1989）. 児童の絶望感と原因帰属との関係　心理学研究, *60,* 304-311.

桜井茂男（1992）. 小学校高学年生における自己意識の検討　実験社会心理学研究, *32,* 85-94.

桜井茂男（1993）. 大学生における不適応過程の分析Ⅱ——"評価懸念，学習目標，原因帰属様式によるモデル"の検討　日本教育心理学会第 35 回総会発表論文集, 138.

桜井茂男（1994）. 大学生における不適応過程の分析Ⅲ——公的自己意識，学習目標，原因帰属様式によるモデルの検討　日本教育心理学会第 36 回総会発表論文集, 319.

桜井茂男（1995）.「無気力」の教育社会心理学——無気力が発生するメカニズムを探る　風間書房

桜井茂男 (1999). 子どものやる気と社会性　風間書房

櫻井茂男 (2019). 完璧を求める心理——自分や相手がラクになる対処法　金子書房

桜井茂男・桜井登世子 (1991). 児童用領域別効力感尺度作成の試み　奈良教育大学教育研究所紀要, 27, 131-138.

桜井茂男・桜井登世子 (1992). 大学生における絶望感および抑うつ傾向と原因帰属様式の関係　奈良教育大学教育研究所紀要, 28, 103-108.

島　　悟・鹿野達男・北村俊則・浅井昌広 (1985). 新しい抑うつ性自己評価尺度について　精神医学, 27, 717-723.

嶋田洋徳・戸ヶ崎泰子・坂野雄二 (1994). 小学生用ストレス反応尺度の開発　健康心理学研究, 7, 46-58.

鈴木伸一・嶋田洋徳・三浦正江・片柳弘司・右馬埜力也・坂野雄二 (1997). 新しい心理的ストレス反応尺度 (SRS-18) の開発と信頼性・妥当性の検討　行動医学研究, 4, 22-29.

山口　剛 (2012). 動機づけの変遷と近年の動向——達成目標理論と自己決定理論に注目して　法政大学大学院紀要, 69, 21-38.

Zung, W. W. K. (1965). A self-rating depression scale. *Archieves of General Psychiatry*, *12*, 63-70.

Part 6

無気力な自分や相手にどう対処すればよいのか？

　この Part 6 では，これまで説明してきた無気力の症状・原因・関係する要因・測定法などの知見をベースにして，無気力な人への対処法を説明します。

　自分・家族（子どもを含む）・親友の無気力を克服する方法，そして親しくない無気力な友人や同僚とうまくつきあう方法を紹介します。無気力な方は積極的にトライしてみてください。また身近にいらっしゃる無気力な方にも試みてください。

　なお，無気力の予防法についてはつぎの Part 7 で説明します。

1．自分の無気力を克服する

　自分の無気力を克服する際の最初のステップは，無気力の原因を特定することです。無気力の原因を探索するときに便利な表（表 6-1 参照）を用意しましたので，ご利用ください。

　まずは，ネガティブな事態とそれに対処できない「具体的な原因」を思いつくままに挙げてみましょう。

　ここでは説明のために，以下のようなネガティブな事態と無気力になった具体的な原因を想定します。

表6-1　無気力の原因の探索

ネガティブな事態と無気力になった原因		無気力の根本的な原因
（例1）数学の問題が解けなくて無気力になった。原因は数学の能力がないからだ。	→	能力がないことで無能感・無力感が強い。
（例2）会社でいじめられて無力感になった。自分はダメな人間だからいじめられたと思う。	→	ダメな人間である自分ではどうしようもない。無力感や絶望感が強い。
（例3）受験勉強が手につかない。受験校が決まらないからだ。	→	無目標ではどうしようもない。

〔あなたの場合はどうですか？〕

①_____　→　ⓐ_____

②_____　→　ⓑ_____

③_____　→　ⓒ_____

④_____　→　ⓓ_____

⑤_____　→　ⓔ_____

注）根本的な原因としては，無力感や絶望感，無目標などが想定される。

----

①数学の問題が解けなくて無気力になっている。その原因は数学の能力がないからだ。

②会社でいじめられて無気力になっている。その原因は自分がダメな人間だからだ。

③受験勉強に手がつけられないで無気力状態になっている。その原因は親が口出しをするため受験校が決められないからだ。

つぎに，こうした具体的な原因が，どのような根本的な原因に集約される

のかを考えてみましょう。

　これらの例でいえば，つぎのようになるでしょう。

---

　①数学の能力がないということで，無力感や無能感に陥っているからだ。

　②いじめられるのは自分がダメな人間だということで，将来に絶望しているからだ。

　③受験勉強に手がつけられないのは，結局のところ目標（受験校）が設定できない無目標の状態であるからだ。

　このようにして具体的な原因を突き詰めていくと，多くは2～3の根本的な原因に行きつくのではないでしょうか。根本的な原因として挙げられるのは，おもに①無力感や絶望感と②無目標です。これらは Part 2 で説明したものです。ここではそのほかにもあるようなら，それらも記入してください。

　無気力の原因が明らかになれば，それらに対処する方法を用いることによって，無気力は克服されるか，かなり軽減されるでしょう。

　以下では根本的な原因別に，すなわち①無力感や絶望感の場合と②無目標の場合に分けて，その対処法を説明します。

（1）無気力の原因が無力感・絶望感である場合

　無力感や絶望感は，ネガティブな事態に自分の力では対処できない，そしてそうした状況が続くと予想するときに生じます。これらが原因で無気力が生じている場合には，いったん信頼できる他者の援助を求めてネガティブな事態に対処しましょう。ときにはこうした対応を繰り返す必要があるかもしれません。

　そして無気力が軽減され，ある程度の余裕がもてるようになったら，そうしたネガティブな事態を自分の力でコントロールできるような積極的な対処法を見出し講じるようにしましょう。

❶自分の力で対処できないならば，まずは他者に援助を求めて解決する

　ネガティブな事態に自分の力（自分の能力や努力など）で対処できなくても，他者に援助を求め他者の力を借りることによって対処できるのであれば，まずはそうしましょう。対処できなくては前に進めません。

　このとき重要なことが３つあります。

　ひとつめは，信頼できる他者が近くにいることです。とくにプライベートな問題では信頼できる人でなければ相談などの援助要請はしにくいものです。

　二つめは，援助を求めるスキルとくにコミュニケーションスキルがあることです。信頼できる人がいても，その事態や自分の心理状態を適切に説明し援助を求めなければ，助けてもらえないこともあるでしょう。

　三つめは，他者に援助を要請する勇気があることです。３つのなかではこれが一番大切かもしれません。

　それでは，さきの２つの例（数学の問題，いじめ）で具体的な対処法を考えてみましょう。

〔数学の問題が解けなくて無気力になった例〕

　最初の例は，数学の問題が解けなくて無気力になった例です。このような場合にもっとも適切な援助者は数学を教えている教師でしょう。ただし，教師に直接教えてもらうのは苦手であるという人も少なくないかもしれません。そうしたときには，同じ授業を受けていて数学が得意なクラスメイトや，すでにその授業を履修済みで数学の得意な上級生に依頼するのがよいでしょう。きっとうまく教えてもらえると思います。ただし，いずれも自分にとって信頼できる相手であることが大切です。

　こうした場合には相手に援助を申し出る必要がありますので，援助を要請する勇気と，援助を要請する際のコミュニケーションスキルが必要になります。ただし，私の経験からいうと，勇気があればスキルは未熟でもほぼ大丈夫です。援助を要請された相手は信頼できる人ですので，あなたの事情はわかってくれるはずです。

　援助が求められる信頼できる他者がそばにいて，その人に援助を求めてネ

ガティブな事態に対処できれば（問題が解ければ）一定の達成感があります
ので，自分の力だけでは対処できないという無力感は残りますが，"何とか
なりそうだ"という期待感ももてるでしょう。絶望感に立ち向かうにはこの
期待感が大事です。

　その後，無気力がある程度軽減したら，その本来の原因である"数学の能
力がないこと"に対処することになります。のちほど詳しく説明しますが，
典型的な方法としては「能力は努力によって伸びる」という考えを受け入れ
て努力不足を原因と考え，そしてうまく努力できればその原因に対処するこ
とができます。これはとても有望な対処法です。

〔職場でいじめに遭って無気力になった例〕

　つぎに職場でいじめられて無気力になった場合には，いじめに関わってい
ない信頼できる同僚や上司に相談するのがよいでしょう。信頼できる上司や
同僚であれば，あなたの切ない気持ちを十分に受け止め，あなたの力になっ
てくれるはずです。

　ただ同僚や上司に相談しても適切な解決法が見出せないときは，産業カウ
ンセラー等に相談することをおすすめします。カウンセラーは相談の専門家
なので適切に対応してくれます。勇気をもって相談に行きましょう。

　こうした対処でいじめが解決されればまずは上出来です。ときには時間が
かかることもありますので覚悟はしておいてください。いじめのような対人
関係の問題は解決が難しいのです。

　いじめが解決される過程では，自分がどうしていじめられたのか，その原
因が相手の告白や自分のこころの分析から明らかになるはずです。この例で
本人は「自分がダメな人間だから」いじめられたと考えていますが，相談が
深まるにつれてそれは小さな原因でしかなく，相手側にもっと本質的で大き
な原因が見出されることも多いようです。たとえば，入社以来の非合理的な
嫉妬心などです。

　もちろん，自分に問題がある場合は，信頼できる同僚やカウンセラーと話
や相談をして，自己認識を深めたり改めたりしてより客観的に自分をとらえ
ることや，再度いじめられた際にその相手とどう交渉するかといった新たな

交渉術の習得も必要になるでしょう。こうしたスキルの習得も無力感や絶望感を軽減し効力感を高めることに効果があります。

　私の臨床経験では，いじめの原因はいじめる側にあることが多かったように思います。しかし，そうしたケースでもいじめられた側は，自分にも原因がある，自分にも非があると思ってしまうことが多いものです。とても理不尽なのですが，それが現実です。

　❷他者の援助が得られるのは自分の力によると考えてよいのでは

　さて，ネガティブな事態に対して他者に援助を求めて対処することを，自分の力だけでは対処できないダメな人間のすることだととらえたり，そうした人にダメな人間の烙印を押したりすることもあるかもしれません。もちろん，自分の力だけで対処できるほうが望ましいとは思いますが，世の中には自分の力だけでは対処できないことが多いのも事実です。

　たとえば，さきのいじめの例では，勇気をだしていじめの相手にいじめないように直訴しても，受け入れられずかえって反発をまねきいじめがひどくなることも多いでしょう。むしろ同僚や上司，さらにはカウンセラーに相談して，チームとなってまわりから介入してもらうほうが，禍根を残さずにいじめを根絶させることができるように思います。

　さらに前述の数学の問題が解けなくて無気力になった例でも同様です。どんなに自分ひとりで努力しても問題が解けなければ，その後の授業の理解に大きな差しさわりがあるかもしれません。まずは教師，それが無理ならクラスメイトや上級生に援助を求め，理解できるまで教えてもらい問題をクリアするほうが先決です。

　◇自発的な援助要請は自分の力でしていると考えよう

　私は，自分の力だけでは解決できないようなネガティブな事態に対して，自分から他者に援助を求め，他者の力を借りて対処することは不可欠であり，とても重要なことだと考えています。大人なのだから自分の力で解決しなければならないとか，もう30歳にもなったのだから"自立した人間"として自分の力で解決するのがあたりまえだ，などと大袈裟に考えなくてよいと思います。

　自分から他者に援助を求める「自発的な援助要請」は，自分が決めて他者に援助を要請するわけですから，「自分の力」で解決の端緒を切り開いたといえるのではないでしょうか。自分の力だけ（おもに能力）で困難な問題が解決できればよいのですが，そうできない場合は，自分から他者に援助を要請し，"広い意味の自分の力"（能力，努力，スキル，そして援助要請力など）を駆使して困難な問題を解決すればよいと考えましょう。そしてその後，できるだけ自分の力だけで解決できるようになればしめたものです。

　このように考えると，自分の力でネガティブな事態を乗り越えられないことによって生じる無力感や絶望感は，自発的な援助要請による他者の援助とともに乗り越えられた場合，自分の力も貢献しているということで無力感や絶望感は多少なりとも軽減され，無気力もまた多少なりとも軽減されるはずです。

◇「相互依存的な自立」が大事である

　少々横道にそれますが，子育てでは，子どもを"自立"させることが重要視されます。心理学では子どもの成長に合わせて，身辺（衣食住：生活）の自立，精神的な（親の庇護からの）自立，そして経済的な自立が大事であるとされます。

　しかし現実社会ではどうでしょうか。たとえ大人であっても，ひとりの力だけで自立して，すなわち独力で生きていくことはできません。それは読者のみなさんも日々実感していることだと思います。人間が社会のなかで生きるには相互に助け合うことが不可欠です。このような自立のことを「相互依存的な自立」といいます。もちろん，ひとりの力でできることはできるだけそうすることが基本ですが，どうしてもできないことは自分から援助を求めて解決する必要があるのです。自立の概念も変わってきていることをご理解ください。

　幼い子どもを観察していると，自分ひとりでできるようになったことは，率先して自分でしようとします。養育者（おもに母親）の援助をよしとしません。強い気概のようなものを感じます。

　靴が自分ではけるようになれば，母親がはかせようとするとそれを断りま

す。ときには，癇癪を起こしたり泣いたりもします。時間をかけてでも自分
ではくのです。これを心理学では「自発的使用の原理」といいます。人間は
もともと自分でできることは自分でするようにできているようです。それゆ
え自分の力だけではどうしてもできないことには，他者に援助を求めればよ
いのです。

❸自分で対処できる力を培い効力感を高める

　自分の力では対処できないネガティブな事態に対して，まずは他者の援助
を要請し他者の力を借りて対処しますが，その後はできるだけ自分の力で対
処できるように努力し，有能感や効力感を培うことが大切です。その過程で
無気力はきれいに克服されます。

　ただし，ネガティブな事態のなかには，自分の力だけでは到底対処できな
い事態もありますので，そうした事態では別の対処法が必要です。これにつ
いてはのちほど説明します。

　それでは，さきの2つの例で自分の力で対処できるようになる方法を説明
しましょう。

〔数学の問題が解けなくて無気力になった例〕

　数学の能力がないということで無力感や絶望感におそわれ，その結果無気
力になったという例では，原因帰属を修正する，すなわち再帰属することで
自分の力で対処できるようになります。これを「再帰属法」といいます。

◇「努力不足」に再帰属して効果的な学習を行う

　私たち大人は，能力は固定的で変わらないものと考えがちですが（「固定
的能力観」といいました。Part 2 参照），この考えに基づくと数学の問題が
解けない能力不足という原因は，自分の力ではどうすることもできない原因
ということになり，無力感や絶望感を感じ無気力になってしまいます。

　ところが，能力は変動的で努力によって伸びるもの（「可変的能力観」と
いいました。Part 2 参照）と考えればどうでしょうか。この考えに基づく
と，いまは能力が低くて問題は解けないけれども，努力して能力が高まれば
問題は解けるようになる，という筋道ができます。問題が解けない原因を，
自分の「努力不足」であると帰属し直せば（再帰属すれば），自分の努力で

118

その事態を解決できるようになるのです。

　もちろんこの場合には，①しっかり努力できること，そして②うまく努力できること，すなわち問題が解けるように努力できること，が要件となります。とくに②が大事です。

　じつは，努力不足に原因帰属をしても，うまく努力ができないために，結局のところネガティブな事態が解決できずに無力感に陥ってしまう人が多いのです。したがって数学の問題が解けるようにうまく努力できること，すなわち数学の勉強の仕方を工夫して当該の問題が解けるように学べることが重要になるのです。こうした学び方のひとつとして，近年の教育心理学で注目されているのが「自己調整学習（self-regulated learning）」で，その中心に位置づけられるのが「自己調整学習方略」の使用ということになります。

◇自己調整学習とはどんな学習か

　それでは，自己調整学習について説明します。自己調整学習とは，学習者が自分自身の学習プロセスに能動的に関わる学習のことです。能動的に関わるというのは，おもにメタ認知の力によって自ら自分の学習プロセスをコントロールすることを意味します。

　学習プロセスにおけるメタ認知（たとえば，三宮, 2018；櫻井, 2017, 2019a）は，自分で学習の目標を設定し，見通しをもって学習に臨み，学習活動をモニターし，うまく進んでいないときには自ら工夫して学習が成功裡に終わるように調整すること，さらには学習結果について振り返りをすることを駆動します。これを図にすると図 6-1 のようになります。自己調整学習は，①予見の段階，②遂行の段階，③内省の段階という 3 つの段階で構成されます。

　数学の学習にあてはめてみると，予見の段階では，数学の問題を解くことが目標となり，そのためにどのような知識を身につけ，どのようなやり方で学習を進めるかを決めます。つぎの遂行の段階では実際に数学の問題が解けるように学習の仕方（学習方略等：表 6-2 参照）を調整しながら学習を進めます。そして最後の内省の段階では，問題が解けた場合はそのことを評価して有能感を感じ，さらなる数学の学習へと自分を動機づけます。一方，問題

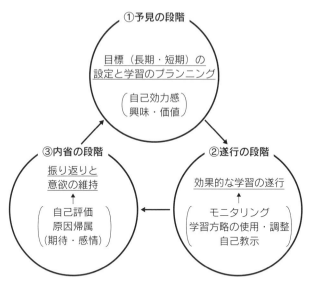

①予見の段階

目標（長期・短期）の
設定と学習のプランニング

自己効力感
興味・価値

③内省の段階

振り返りと
意欲の維持

自己評価
原因帰属
（期待・感情）

②遂行の段階

効果的な学習の遂行

モニタリング
学習方略の使用・調整
自己教示

図6-1　自己調整学習の3つの段階 （櫻井, 2019a）

が解けなかった場合にはその原因を探り，それに対処できるように数学の学習を継続します。

　こうした3つの段階では，表6-2（ピントリッチの自己調整学習方略のリスト：櫻井, 2020）に示されているような，認知的方略（これがいわゆる学習方略），メタ認知的方略（学習プロセスをコントロールする方略）そしてリソース管理方略（内的・外的な資源をうまく管理して学習を進める方略）を用いて，学習が効果的に進むように自己調整します。この調整力が高いと意図した目標をうまく達成できるわけです。

　自己調整学習にはメタ認知の力が必要であり，おおむね小学校高学年のころには発達してきます。ただし，これを効果的に使うには訓練が必要です。熟達が大事であることを承知しておいてください。

　なお，2017年に改訂された新学習指導要領では，自己調整学習が注目されています。中学生以上であれば，メタ認知の発達によってこうした学習が可能となり，最終的には主体的に学習に取り組むことができる"自律的な学習者"になることが求められています。筆者（櫻井, 2020）が提唱している

表 6-2　ピントリッチの自己調整学習方略のリスト（櫻井, 2020）

上位カテゴリー	下位カテゴリー	方略の内容
認知的方略	リハーサル	学習内容を何度もくり返して覚えること
	精緻化	学習内容を言い換えたり，すでに知っていることと結びつけたりして学ぶこと
	体制化	学習内容をグループにまとめたり，要約したりして学ぶこと
	批判的思考	根拠や別の考えを検討すること 批判的に吟味して新たな考えを得ようとすること
メタ認知的方略	プランニング	目標を設定し，課題の分析を行うこと
	モニタリング	注意を維持したり，自らに問いかけたりすること
	調整	認知的活動が効果的に進むように継続的に調整をはかること
リソース管理方略	時間管理	学習のプランやスケジュールを立てて時間の管理をすること
	環境構成	学習に取り組みやすくなるように環境を整えること
	努力調整	興味がわかない内容やむずかしい課題であっても取り組み続けようとすること
	ピア・ラーニング	仲間とともに学んだり，話し合ったりして理解を深めること
	援助要請	学習内容がわからないときに教師や仲間に援助を求めること

「自ら学ぶ意欲のプロセスモデル」（図 3-5 参照）でもこの自己調整学習が取り入れられています。

　◇可変的能力観の功罪

　じつは年少の子どもは，能力は努力によって伸びるという可変的能力観をもっています。そして成長にともなって，固定的能力観へと変化していきます。私たち大人はおおむね固定的能力観をもっているといえるでしょう。

　ところが，アメリカの心理学者ドゥエックは，このような流れに対抗するかのように，大人でも可変的能力観をもてれば，ネガティブな事態にも粘り強く取り組み，そしてよりよい成果が挙げられることを提案しほぼ実証して

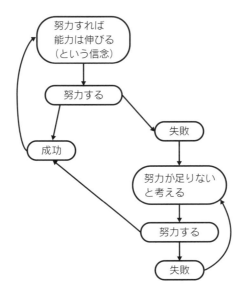

図6-2　努力して能力が伸びる学習者 (櫻井, 2019a)

います (たとえば, Dweck, 1986, 2006)。さきほど紹介した再帰属法はまさ
にこの考えに基づいています。この考えを図にすると図6-2のようになりま
すが, 合点がいくでしょうか。

　この考えには問題が "無きにしも非ず" です。それは, 自分ひとりに注目
すれば, うまく努力をすれば問題は徐々に解けるようになりますので, 能力
は伸びていくといえるでしょう。しかし, 同じように問題が解けなくて一緒
に勉強をしていた友達と比べ, 友達は1時間努力して解けるようになったに
もかかわらず自分は3時間もかかったという場合, 確かにいずれも努力の結
果として能力は伸びているのですが, それに要する時間が違い, 能力の伸び
方が違うということになります。

　どうでしょうか。ここで, 優秀な人間とそうでない人間が判別されてしま
うのです。このような状況 (他者と比較される相対評価の状況) に遭遇する
と, 能力は努力で伸びるもののその速度には違いがあり, やはり優秀な人間
は自分とは違うという考えにとらわれ, 劣等感や無能感が生まれてしまうの
ではないでしょうか。社会のなかでは相対評価によって優劣が決まりやすい

ので，悩ましい点といえるでしょう。

　少々横道にそれましたので，本題に戻ります。

◇さらに数学に興味がもてるようになれば素晴らしい

　当座の数学の問題が解ければ，いままでよりも自分に期待がもてるようになることは確かです。しかしそれだけでは簡単に無気力に戻ってしまう可能性があります。上記のような自己調整学習によって数学の問題が自分の力で確実に解けるようにすることが望ましいでしょう。

　そして数学の問題が自分の力で確実に解けるようになると有能感や効力感が高まり，さらに数学への興味関心も湧いてきます。"好きこそものの上手なれ"といいますが，この反対の現象が生まれます。上手に（うまく）できるようになると楽しくなり，そして好きになれるのです。こうなればしめたものです。

〔職場でいじめに遭って無気力になった例〕

　この例の場合には，無力感や絶望感が形成されることになった「自分はダメな人間だから」という原因をさらに分析し，具体的な要因に基づいて対処する必要があります。

　ここでは，能力面と性格面の2つの要因を取り上げてその対処法を説明しましょう。

◇「仕事ができない，遅い」ことが具体的な要因の場合

　ひとつは「仕事ができない，遅い」という能力面の要因です。仕事の処理能力が不足していて，仕事がうまく処理できなかったり，仕事を終えるのに時間がかかるため周囲の同僚と同じペースで仕事ができなかったりして，同僚たちの足を引っ張るような状況となっています。こうした状況では往々にしていじめが発生します。

　まずは信頼できる上司や同僚，さらにはカウンセラーに相談して解決しますが，その後はこうした原因にしっかり対処する必要があります。

　この例の場合には，さきの数学の問題が解けなくて無気力になった例と同じように，処理能力の不足を補うために，さらに努力して仕事に注力する必要があります。ただし，仕事のやり方が理解できていない場合には，信頼で

きる同僚や上司の支援を受けて習得することが先決です。仕事のやり方が習得できた後は，自分で仕事のやり方を工夫しうまく処理できるように努力することも大事です。

　そしてうまく処理できるようになれば，いじめられる原因はなくなり，仕事に対する効力感も高まって無気力へと後戻りすることもないでしょう。

◇「性格が悪い」ことが具体的な要因の場合

　二つめは「性格が悪い」という性格面の要因です。「正義感が強く，道理に合わないことはしない」という性格があだとなり，一部の同僚や上司から疎んじられて，いじめられているという状況です。本来正義感が強いことはよいことなのですが，それが強すぎて周囲の人たちとなじめないと，いじめの対象になるようです。出る杭は打たれる，ということでしょうか。

　こうした場合，まずは信頼できる同僚や上司，さらにはカウンセラーに相談して解決すればよいと思いますが，その後はこうした性格でどのように対処したらいじめを受けないようになるかを考えて行動しなくてはなりません。いくつかの方法を提案します。

　ひとつは，再度いじめられた場合には，いじめた相手に対して自分は正しいことをしているのだから，いじめられる筋合いにはないことを説明し，いじめないように訴えることです。自分の性格を変えずにできるとしたら，これが一番よい方法でしかも正攻法ではないでしょうか。おそらく周囲の同僚や上司の多くがそのことを理解し後押ししてくれるなら，いじめは解消されると思われます。

　二つめは，こうしたいじめは上司による場合（パワハラのようなケース）が多いので，いじめの相手が上司の場合には，自分がほんとうに大事だと思うこと以外には正義感をださない，という対処法が有効であるように思います。ただ正義感の強い人間にとって自分を欺くのですから，とてもきつい対処法ではあります。

◇「完璧主義という性格」が具体的な要因の場合

　なお，「性格が悪い」という性格面での要因の二つめとして，「完璧主義」という性格の持ち主であることです。仕事を完璧にすることは素晴らしいの

124

ですが，過度に完璧を求めると仕事が滞り，周囲の人に迷惑をかけることになりかねません。仕事が遅れることで上司や同僚からいじめに遭うという状況です。

　こうした場合の解決法は，「完璧主義」から「完璧志向」へと完璧に対する志向性を変えることです。表6-3をご参照ください。

　この表では「完璧主義」と「完璧志向」が比較されています。大事なことは，完璧であらねばならないといった不合理な信念から脱却し，できるだけ完璧でありたいという合理的な信念へと自分の考えをチェンジすることです。そして理にかなった高い目標——たとえば仕事場面では，与えられた仕事を時間内にできるだけ完璧に処理するという目標——をもってがんばることです。

　詳しいことは，拙著『完璧を求める心理』（櫻井, 2019b）をお読みくださ

表 6-3　自分に完璧を求める 2 つのタイプの比較（櫻井, 2019b）

	完璧主義 （過度な完璧主義ともいう）	完璧志向 （適応的完璧主義・健康的完璧主義などと類似）
対　象	・すべてのこと，あるいは限定されたこと	・限定されたこと
完璧の求め方	・完璧であらねばならない （過度・理想的）	・完璧でありたい （適度・現実的）
完璧の構成要素	①高すぎる目標の設定 ②厳しすぎる自己評価と自己批判 ③失敗恐怖 ④強すぎる評価懸念	①理にかなった高い目標の設定 ②しっかりした自己評価と自己強化（ほめる・はげます） ③失敗を恐れないこと（挑戦的姿勢） ④他者の否定的な評価をあまり気にしないこと
もたらされる結果	・一時的な適応 （高いパフォーマンス・達成感など） ・長期的には不適応 （疲労，先延ばし，無気力やうつ病，摂食障害〈拒食症・過食症〉，強迫性障害，不安障害など）	・適応 （高いパフォーマンスと身体的・精神的健康など）

い。必ず役に立つと思います。

❹どうしてもうまく対処できないときは

　これまで，数学の問題が解けなくて無気力になった例と，職場でいじめに遭って無気力になった例を中心に，最初は自ら援助要請を行い信頼できる他者の力を借りながらネガティブな事態に対処し，そして落ち着いたら今度はできるだけ自らの力で無力感や絶望感を解消し無気力を克服する方法を提案してきました。

　しかし，こうした対処法がいつも功を奏するとは限りません。どうしてもうまく対処できないこともあるでしょう。そうした場合には，どう対処したらよいのでしょうか。端的にいえば，これまでのような対処はあきらめ，つぎのような思い切った対処をすることです。ただし，経済的な問題はクリアしなければなりません。

　数学の問題が解けない場合には，予備校や学習塾に入り，そこでしっかり問題の解決法を学び無気力を克服するという対処です。職場でいじめられる場合には，"そんな職場はたいした職場ではない"と考え，転職して再スタートするという対処です。こうした対処をする際には信頼できる他者に相談はするものの，最終的には自分で入塾や転職を決め実行することが大事です。

（2）無気力の原因が「無目標」である場合

　目標がもてなくて無気力状態になり，学習や仕事に手がつけられない状況では，目標がもてない理由を分析し，その結果に基づいて改善策を講じることが基本となります。

❶身近な目標なら信頼できる他者と相談して決める

　日々の仕事や学習における身近な目標，たとえば仕事の終了予定日，レポートの提出予定日，定期試験の目標とする点数などについては，すぐに設定できない理由を分析してみてもあまり生産的ではないので，自分で容易に決められない場合には信頼できる上司や同僚，教師やクラスメイトと相談して決めましょう。

　ただし，ある程度納得して決めないと目標を達成しようという意欲が湧いてきませんので，その点は注意する必要があります。納得して決めた目標に対しては，その目標が達成できるようにしっかり計画を立てて臨むことができるでしょう。

　身近な目標であっても，たとえば職場のAさんよりも優れた提案をすること，定期試験でクラスメイトのBさんよりも高い点を取ること，などの遂行目標を設定すると，すでに説明したとおり，熟達目標，この例ではいつもの自分よりも優れた提案をすること，定期試験ではいつもより5点高い点を取ることを設定したときよりも無気力になる可能性が高まります。この点にも配慮しましょう。ただし，自分によほどの自信があれば遂行目標でも大丈夫です。

❷将来や人生の目標はその都度よく考えて決めるようにする

　将来や人生の目標といった長期の目標が決められないときは，その理由を分析して対処しましょう。自分の将来と関わるとても大事な目標なので，決められない理由を理解することで，その後同じような状況になったときにもうまく対処できるはずです。

　これまでの臨床経験によると，自分のことがよくわかっていないという自己理解の不足が原因であることが多いようです。自分にはどのような長所・短所があるのか，自分は何が得意で何が不得意なのか，他者との関わり方はどうなのか，何にもっとも興味や関心があるのかがわかっていなかったり，さらにはこうしたことがわかっているようでわかっていない，という大学生が多いように感じました。自分に関する情報を集め，すなわち自分で分析したり信頼できる他者に聞いたりして自己理解を深めれば，将来の目標や人生の目標は決めやすくなると思います。

　このとき知っていてほしいことは，こうした目標は成長とともにそれまでの経験や学びによって変わる可能性があるということです。変えられない目標ととらえるのではなく，変えられる修正可能な目標ととらえましょう。そのときどきに，一生懸命考えて決めたり修正したりすれば大丈夫です。

　なかには幼いころから野球が大好きでそして飛びぬけて上手で，小学校の

ころからプロ野球の選手になることを夢見て日々努力し，実際にプロ野球の選手になったという超幸せな人もいるでしょう。しかしそうした人は少数派です。多くの人は，将来どんな仕事に就きたいか，将来どんな生活をしたいか，自分は一生の間に何を成しとげたいかといった将来や人生の目標をなかなか決められません。日々いろいろな経験をするなかで，自分をみつめ悩みながら決めたり修正したりして，新たな目標の達成をめざしてがんばっているのだと思います。もちろん私もそうです！

❸どうしても長期の目標がうまく設定できないときは幅の広い目標にする

どんなに自己分析をし，信頼できる他者の意見を聞いてみても，適当な将来の目標や人生の目標が決められない場合には，暫定的に幅の広い目標を決めるようにしましょう。

たとえば，自分はこれといった特技がないいわゆる器用貧乏なので安定した職業である公務員になろう，自分は子どもが好きだから保育士さんのような日々子どもと接する仕事に就こう，自分はいまの仕事が好きだからこのまま営業の仕事で上をめざそう，といった目標でよいのではないでしょうか。これは幅の広い目標ですので，将来はより狭い目標にしなければなりません。

いろいろな経験や学びによって，さらには現実的に就職や異動の時期が近づいてくれば，自然にあるいは必然的に目標は狭められます。もちろん家庭の事情や経済的な事情なども考慮しなければならないでしょう。

❹中期の目標は長期の目標に依存することになる

こうした長期の目標が設定できないと，中期の目標の設定が難しくなります。たとえば，高校受験や大学受験で受験校を決めるというような中期の目標の設定では，中期の目標は長期の目標を達成するために必要な目標になるわけですから，長期の目標が決まらないと設定は難しいといえます。大学受験の場合には大学もさることながら，学部を決めることも必要となります。

社会人の場合には，その後の人生をどのように過ごすか，といった人生の目標を決めなければ，職場はいまのままでよいのか，将来のために転職をしたほうがよいのか，結婚はいつがよいのか，など中期の目標の設定が困難に

なるでしょう。むろんすべて予定どおりにいくわけではありませんが，その都度調整して新たな人生の目標の達成をめざしてがんばることができればよいのではないでしょうか。

　さて，この Part 6 の冒頭で挙げた三番めの例を思い出してください。受験勉強に手がつけられない無気力な状態になっていて，その原因は親がうるさく口出しをするために受験校が決められないからだ，という例でした。

　親が子どもの受験を心配するのはいまも昔も変わりません。受験によってその後の人生が大きく変わる可能性があるからです。親が口出しをしてくれることをありがたいと思いつつ冷静に受けとめ，教師や先輩などの信頼できる他者の意見も参考にして，最終的には自分で受験校を決めることが大事でしょう。ただし，長期の目標である将来や人生目標にそってこの中期の目標（受験校）を決めることになりますので，いくらか幅のある目標でもいいのですが，将来や人生の目標をもっていることが重要です。

　医師になって困っている人たちを助けたい，という人生目標であれば，大学進学では医学部を選択するでしょうし，将来法律関係の仕事について弱者のために働きたい，という人生目標であれば大学は法学部，そしてたとえば弁護士への道を進むことになるでしょう。

2．相手の無気力を軽減する

　あなたにとって大切な存在である家族や親友の無気力を軽減する方法について説明します。彼らの無気力が克服できればよいのですが，そこまでいかなくても軽減できれば上首尾と思ってください。自分の場合には徹底的に対処できますが，相手の場合にはそれなりの事情もあるからです。

　対処の基本は，1.「自分の無気力を克服する」で説明した方法を相手が実践できるように教えたり，促したり，くじけそうなときにはほめたり，応援したりすることです。これにつきます。

　強制すると反発をまねきますので，本人が自ら実践し無気力を克服したいという気持ちにさせることが大事です。あなたは信頼できる他者として，相

手の話をよく聞き，相手の立場に立って共感的に理解することが必要です。そして相手が自らの無気力の原因を探求し，その原因を取り除き，無気力を克服したいと思ってくれれば成功したも同然です。

ただしこれは"言うは易く行うは難し"です。気を引き締めて対応しましょう。もしうまくいかないときは無理をせず，必要な場合には専門家であるカウンセラーや医師に相談することも大事です。

以下では，子どもの場合，子ども以外の家族の場合，そして親友の場合にわけて，対応上の留意点をまとめます。

（1）子どもの無気力を軽減する

子どもの無気力に対して，親の立場から対処する場合と教師の立場から対処する場合に分けて考えてみましょう。

〔親として対処する場合〕

子どもの様子をよく観察するとともにゆっくり話をして，どのような問題で，どのようなことが原因となって無気力が生じているのかを特定する必要があります。自分だけでなくほかの家族の人にも協力してもらい，原因を探ったり対処してもらったりするとよいでしょう。

◇学業場面と友人関係場面にわけてとらえる

子どもの場合には，無気力の問題を学業場面と対人関係場面の2つにわけてとらえるようにします。学業場面では思うような成績が取れなくて無気力になる，対人関係場面では友達とうまくいかなくて無気力になる，といったことが多いようです。対人関係場面での問題は新たな対人関係が形成される年度や学期のはじまりに多く，とくに学校移行のときには小学校では小1プロブレム，中学校では中1ギャップ，高校では高1クライシスなどとしても知られています。

高校生のストレッサーについて調べた研究によると，表6-4に示されたようなストレッサー（いやな出来事）が多く認められています。おおまかにみると，さきの指摘のとおり学業でのストレッサーと対人関係でのストレッサーに分けられます。こうしたストレッサーが無気力につながる可能性が高

いので，参考にしてください。小学生の学校ストレッサーについては表2-1
をご覧ください。

　無気力の根本的な原因は無力感や絶望感あるいは無目標になると思います
が，子どもへの対応は，具体的な原因を特定して行うことになります。1.

表6-4　高校生のストレッサー評価尺度（桜井，1995, 1997）

1. 一生懸命勉強しているのに，成績がのびなかった。
2. 大学入試（受験）や将来のことが気になった。
3. 試験や通知表の成績が悪かった。
4. 家の人とけんかした。
5. 自分にかかってくるプレッシャーがきつかった。
6. 進路や自分の適性などについて考えた。
7. 先生や家の人から期待されるような成績が取れなかった。
8. 忙しくて本当にしたいことができなかった。
9. 遊ぶ時間がなかった。
10. 志望大学の偏差値が自分の偏差値よりも高いことがわかった。
11. 先生がていねいにわかりやすく教えてくれなかった。
12. 試験や成績のことが気になった。
13. 家の人に文句をいわれた。
14. 恋について考えた。
15. いやな自分が見えて自己嫌悪になった。
16. 「受験，受験」とまわりがうるさかった。
17. 授業の内容や先生の説明がよくわからなかった。
18. 好きな人と両思いになれなかった。
19. 「いい大学に入れ」と周囲の人がうるさくいった。
20. 勉強と部活動の両立が難しかった。
21. 人が簡単にできる問題でも自分はできなかった。
22. 受験戦争の渦中にいるのが嫌になった。
23. 勉強がたいへんだった。
24. 進路の選択について考えた。
25. 授業がつまらなかった。
26. 試験勉強がつらかった。
27. 部活動で試合などに負けた。
28. 宿題の量が多かった。
29. 勉強上の努力が認められなかった。
30. おこづかいが少なかった。
31. 勉強のことで失敗した。
32. 通学に疲れた。
33. 家の人や先生から「勉強しろ」といわれたり，それらしい態度をとられた。
34. 自分に自信がなくなった。
35. 自分の能力や性格などについて考えた。

注）本尺度は頻度（0～3点の4段階評定）×嫌悪度（0～3点の4段階評定）で得点化される。

でその大筋を説明しましたので，それに従ってください。

◇子どもの場合の注意点

ただ，子どもの場合には無気力の原因を親に知られたくないという気持ちがはたらきます。親に心配や迷惑をかけたくないと考えるからです。対人関係での問題，とくにいじめの問題では親に心配をかけたくないという気持ちが強くはたらきます。それゆえ，原因がなかなか判明しないことも多いものです。子どもを思う気持ちをしっかり伝えてじっくり話を聞くことが必要です。

子どもが，自分はダメな人間だからいじめられる，と強く思い込んでいる場合も多いようです。まずはその考えが間違いであることをしっかり伝えましょう。それでも実態がつかめずご自身では解決することが困難だと感じたときには，教師や学校のカウンセラーに相談し，チームとなって対応することが大事です。

学業の問題では成績がよくないことが多いのですが，こちらは努力を強調し少しずつよい成績が取れるように，具体的な改善策を子どもとともに考え，実行できるようにするとよいでしょう。やがて子どもが一人で考え学習プロセスを自分で調整・実行できるようになれば，成績もコンスタントに上がり，無気力も軽減され意欲が湧いてきます。

◇きょうだいのストレスや早生まれによる影響にも配慮する

きょうだいに関係するストレッサーが無気力の原因になることもあります。たとえば，家のなかでは姉だけが優遇されていて妹の自分は冷遇されている，というような思いが無気力の具体的な原因になっているような場合です。

さらに，早生まれの子どもと遅生まれの子どもとでは，成長や発達の具合が最大で1年ほど違います。とくに小学校ではその違いによって学業成績が芳しくなかったり，運動がうまくできなかったりして，劣等感や無力感を感じて無気力になることが多いようです。中学校に入るころからこの遅れは徐々に解消しますが，この点にも配慮する必要があります。

◇目標をもつことは楽しいこととととらえる

　目標がもてずに無気力と同様の状態となっている場合には，子どもと相談して目標を決めましょう。身近な目標，たとえばつぎの算数のテストでは何点くらい取ればよいか，夏休みの自由研究のテーマは何にするか，週末のお手伝いは何をどのくらいするか，といった目標は子ども自身で決められるものもありますが，親と相談して決めたほうがよいものもあります。最初は相談して決めるとよいでしょう。

　また，親がそうした目標を知ることで，子どもにはしっかりやらなければならない，というような責任感や意欲も湧いてくることが期待できます。目標が達成されたときに「よくできたね」「よくがんばったね」といった賞賛やねぎらいのことばをかけてもらえれば，ハッピーな気持ちになりさらに意欲も高まるでしょう。目標を設定しがんばって達成することが楽しいと思えるようになれば，もう子ども自らが目標を設定できます。

　うまく達成できなかった場合でも「もう少し努力すればきっとできるようになるよ」といった応援のことばをかけてもらえれば，続けてがんばることもできるでしょう。

　将来や人生の目標については相談をもちかけられたら相談に乗る，というスタンスでよいように思います。日常的には，生活のなかで子どもの長所や短所，適性などを何気なく伝えたり，親が自身の人生の目標や夢のことを話したりすることで，自然にそうした目標や夢を考えるようになるでしょう。

　じつは私の場合もそうでした。高校のころ私が進路に悩んでいたとき，父に「おまえは，記憶力はそれほどでもないが，おもしろいことを考えることは得意だから，そうしたことが生かせるような仕事につけるといいんじゃないか」といわれ，このことがその後の人生に影響したように思います。心理学の研究者になれたのはこのことばのおかげかもしれません。

　一方，息子がどの大学に進学するか迷っていたころ，何気なく，幼いころに受けた知能検査で“空間の構成能力”が優れていたことを話したことがありました。その後，彼の進路は建築関係の分野になりましたが，「ひょっとすると私の一言が影響したのかもしれない」とひそかに思っています。

◇家庭が最後の居場所であることを肝に銘じる

　無気力になった子どもにとって，最後の居場所は家庭です。どんなにいやなことやつらいことがあっても，親をはじめ家族の人は自分をあたたかく受け入れてくれる，という気持ちがあれば，無気力は何とか克服できます。そのことを子どもに十分伝えることは大事です。どんなことがあっても親がサポートしてくれると思えれば，どんなにつらくても無気力の克服に向けてがんばれます。

〔教師として対処する場合〕

　教師は子どもの無気力にどのように対処すればよいのでしょうか。

　教師は子どもと一緒に過ごす時間が長いため，しかも多くの子どもを一緒に見ているため，個々の子どものことは一番よくわかっていると思いがちです。しかし，教師の目に映らないこと，見えないことも多いのは事実で，慢心せず謙虚に対応する必要があります。

◇対処のはじめ方

　無気力が疑われる子どもの様子をじっと観察したり話を聞いたり，さらにはクラスの子どもたちから何気なく情報を集めたりして無気力状況を確認しましょう。そして無気力であることがほぼ確実になったら，しっかり対応しましょう。

　まずは本人と面談をして無気力の原因を探ります。原因がわかり自分の力では対処できないようなことであれば，先輩の先生やカウンセラーに協力を求めましょう。さきに説明したとおり，無気力の原因は学業あるいは対人関係における何がしかの問題である場合がほとんどです。1.で具体的な方策を紹介しましたので，それらに則って対処してください。保護者への連絡も密に取る必要があります。

◇目標の設定の仕方

　また，目標がもてない無気力状態の子どもの場合，とくに中学生以上で将来や人生の目標あるいはそうした夢がもてない子どもの場合には，進路指導や職業体験などを通して，できるだけおおまかな目標をもてるように指導あるいはサポートすることが肝要です。最初は夢のような目標でも，この時期

は自分に興味関心をもつ時期なので，自己分析や教師あるいはクラスメイトと話をするなかで得られた自分についての情報に基づいて，より実現可能性の高い目標へと徐々に修正されます。そうして将来や人生の目標が設定できれば，その目標を達成するために，日々の学習や生活の目標もそして受験等の中期の目標も設定できるようになります。子どもに寄り添い応援してください。ときには自分の体験談を披露することもよいかもしれません。

（2）子ども以外の家族の無気力を軽減する

　自分の妻あるいは夫といった伴侶（パートナー）や高齢の親の無気力にはどのように対処すればよいのでしょうか。大切な相手の無気力をできるだけ軽減するには，無気力の原因となる具体的な問題を明らかにし，それに対処することが必要です。

◇対処のはじめ方

　一緒に暮らしている相手のことであれば，無気力の状況はある程度わかっていると思います。何気ない話から，少しずつ無気力の話に移り，その原因を探るようにするとさらによいでしょう。ただし相手が話に乗ってこないようなときは相手がまだ相談することに何がしかの抵抗を感じている状態ですので，少し待つことが大切です。強引な対応はやめましょう。相手が相談をしたいという気持ちになってきたら，しっかり話を聞き，本格的に原因の探索をしましょう。

◇具体的な問題とその対処法

　無気力になる具体的な原因は何でしょうか。

　妻や夫が無気力になっている場合には，夫婦関係がぎくしゃくしている，仕事が大変である，いまの仕事に満足していない，子どもが多くて生活費が不足しそうだ，親が高齢となり介護をしなければならない，というような問題が多いのではないでしょうか。

　自分の親や妻の親が無気力になっている場合には，高齢となり将来に期待がもてない，将来のお金のことが心配である，などの問題が多いのではないでしょうか。

夫婦関係の問題は二人でしっかり話をして解決するか，それができないような難しさがともなう場合は信頼できる人に入ってもらってそれぞれ相談をするとよいでしょう。離婚という結論に至ることもありますが，それが最善の結論であれば，それを受け入れつぎのステップに進むことが必要です。

　仕事のことは大変さをしっかり受けとめ，自分も応援することを約束して，具体的な対応は信頼できる同僚や上司さらには職場や地域のカウンセラーに相談することをすすめるとよいでしょう。

　ただ，いまの仕事に満足できず将来性のある仕事に移りたいということであれば，その気持ちをしっかり受けとめて応援することになるでしょう。可能な範囲で就きたい仕事を副業としてやってみるとか，新たな出発のために専門の学校に通うとかをすすめてみるのもよいのではないでしょうか。あとは相手の判断です。

　生活費の問題は夫婦で話し合って解決するしかないでしょう。

　親の介護のことは，介護保険に入るあるいは入っているはずなので，それを有効活用するほか，もしもの場合に備えて家族で助け合って介護することを話し合い合意しておくことも解決の一助になると思います。

　高齢の親の問題については，年齢的にみて将来に期待がもてないことは多いのですが，それでも何か夢がもてるような目標が設定できるようにサポートするとよいでしょう。それまでの仕事と関連のある専門的なボランティアをする，それまでの仕事とはまったく関係のない新たな仕事に挑戦するために専門学校や大学院に進学するという選択もあります。それなりに目標はもてるように思います。私も高齢者の仲間入りをしましたが，いまは現役時代に行ってきたもろもろの研究をまとめて本にする，ということを目標のひとつにしたいと考えています。

　さらに，親が介護生活に入ったときのお金の問題は，確かに重要です。だれもが悩むことでしょう。ひとつの方法としては，息子や娘（あなた）としっかり話し合い，悩まずにすむような対策を講じておくことが安心につながるでしょう。無気力になることは将来的にも減じられると期待できます。

　いずれの問題にも無気力になっている相手がひとりでは解決できないよう

な側面があり，あなたを中心に家族や信頼できる他者の助力が必要になります。一度解決して無気力状態が解消あるいは軽減した場合には，その後の状況を見守ることも大事です。できるだけ本人の力で無気力にならないようにサポートしてあげましょう。

（3）親しい友人の無気力を軽減する

　ほんとうに親しい関係の友人に，無気力が疑われるときにはどう対処すればよいでしょうか。

◇対処のはじめ方

　基本は家族への対処と同じです。しっかり話を聞き，共感的に理解し，無気力の具体的な原因を把握し，それへの対処を一緒に考えることです。そしてその後は本人がうまく対処できるようにサポートすることが重要です。すべてをあなたに解決してもらったということになると，親友との間に上下関係が生じてしまう可能性があります。もちつもたれつではありますが，配慮したほうがよいでしょう。

　相手はあなたがサポートしてくれるだけで，問題がほぼ解決したような明るい気持ちになります。それゆえ意欲的に対処できるはずです。

◇具体的な問題と対処法

　具体的な問題としては，その友人の恋愛関係がうまくいっていない，仕事がおもしろくない，経済的に問題を抱えている，などが考えられるでしょう。

　恋愛問題については，話を聞いて助言してあげるだけで本人が解決できることが多いと思います。そしてそれが基本だと考えます。

　仕事の問題は，いまの仕事に興味があるがいまの職場がいやなのか，それともいまの仕事に興味がないのか，その点はしっかりさせて対処する必要があるでしょう。職場の環境が悪いようなら上司や同僚との話し合いが必要でしょうし，仕事に興味がないのなら，どのような仕事がしたいのかを具体的に考え，それが実現できるように支援することが大事です。解決までそれなりに時間がかかる問題ですので，あなたは気長に対応すること，たまには相

手を気晴らしに誘うこともよいと思います。

　経済的な問題についてはじっくり話を聞き，自分で対応できなければ専門家に相談することをすすめましょう。相当額のお金を貸すような対応はのちに関係の悪化をまねくことにもなりかねませんので，慎重に行いましょう。

　いずれの場合も，解決後の様子を観察し，問題が再発したり関係する新たな問題が生じたりしないか気をつけてあげましょう。もし問題が再発したり新たな問題が生じたりしたときには，今度は自身で解決できるように促すことが望ましい対応となるでしょう。甘やかしては自分の力で無力感や絶望感は克服できません。たくましく生きられるように支援することが大事です。

3．親しくない無気力な友人や同僚の無気力とうまくつきあう

　友人や同僚のなかには，それほど親しくはないけれど，それなりにつきあっている，あるいはそれなりにつきあっていかなければならない，という人たちも多いはずです。

　そうした人たちの無気力への対し方は，無気力を軽減するというのではなく，関係に支障がないように“クールにつきあう”ということになります。冷淡ではないか，と問われるかもしれませんが，すべての他者に無気力が軽減するようなつきあい方をするには時間的にも労力的にも無理であるように思います。したがって，こうした対し方が適当です。

　ただ，ご自身の判断で，こうした人たちにも無気力が軽減するような対し方をしても一向に差し支えありません。

（1）クールなつきあい方とは

　クールなつきあい方といいましたが，具体的にはどのようなつきあい方でしょうか。

　無気力な相手が無気力に関係するような話をしてきたら，あたたかくそしてできるだけゆっくりと聞いてあげましょう。カウンセリングの基本に則り，相手の立場に立って共感的に話を聞くことが大事です。

　おそらくは共感的に話を聞いてもらうだけで，一時的に無気力は軽減されますが，原因への対処ができていないとその後は無気力が再発してしまうでしょう。そのことは十分承知していてください。再度，話を聞いてほしいということもあります。

　このようなことが度重なるようであれば，無気力への対処法について，この Part 6 の 1. の内容を紹介し，自身で実践するようにすすめることもよいでしょう。

　そうした対応をしてもさらにあなたに相談しに来るようなら，無気力も相当深刻であると推察されますので，そうした悩みの専門家であるカウンセラーや医師を紹介するとよいでしょう。ご自身が深く関わることはしないほうがよいと思います。

（2）留意すること

　無気力な相手と話をするとき，相手が幸せそうなあなたに嫉妬したり，いらだったりすることがあるかもしれません。できるだけ平静な態度で話をすることが基本ですが，こうした事態が生じた場合には話をすることを遠慮し，専門家を受診してもらったほうがよいでしょう。

　ただ，無気力が軽減し前のように話すことができるようになれば，それまでどおりに話すようにしましょう。

■引用文献

Dweck, C. S. (1986). Motivation processes affecting learning. *American Psychologist, 41,* 1040-1048.

Dweck, C. S. (2006). *Mindset: The new psychology of success.* New York, NY: Random House. 今西康子（訳）(2016). マインドセット──「やればできる！」の研究　草思社

三宮真智子 (2018). メタ認知で〈学ぶ力〉を高める──認知心理学が解き明かす効果的学習法　北大路書房

桜井茂男 (1995). 高校生におけるハーディネスとストレスの関係　日本教育心理学会第37回総会発表論文集, 85.

桜井茂男 (1997). 現代に生きる若者たちの心理──嗜癖・性格・動機づけ　風間書房

櫻井茂男 (2017). 自律的な学習意欲の心理学──自ら学ぶことは，こんなに素晴らしい　誠信書房

櫻井茂男（2019a）. 自ら学ぶ子ども── 4つの心理的欲求を生かして学習意欲をはぐくむ　図書文化社

櫻井茂男（2019b）. 完璧を求める心理──自分や相手がラクになる対処法　金子書房

櫻井茂男（2020）. 学びの「エンゲージメント」──主体的に学習に取り組む態度の評価と育て方　図書文化社

Part 7

どうすれば無気力を予防できるのか？

　無気力にならないためには，どのようなことに気をつければよいのか，3つの観点に分けて説明します。

　無力感や絶望感に陥らないようにすること，身近な目標から将来や人生の目標のような長期の目標を自ら設定できるようにすること，そして心身の健康を増進することを実現するための具体的な方法を，私の経験も含め多くの事例を紹介しながら提案します。

1．効力感を形成して無力感や絶望感を予防する

　無力感や絶望感に陥らないようにするには，ネガティブな事態でも努力すれば解決できるという効力感をもつこと，そしていざというときには援助を求められる信頼できる他者が身近にいることが基本となります。

　努力すれば何とか達成できるという効力感は，ネガティブな事態への対処にとても大事です。通常は有能感の積み重ねによって効力感が形成されます。

　しかし努力をしてもどうしても達成できなければ，他者に援助を要請することになります。これも自分から要請することによって，自分の力の一部を行使した対処と位置づけられるでしょう。

（1）幼児には自発性の欲求を充足させて有能感をもたせよう

　私たちは幼いころから無気力への抵抗力を形成することができます。Part 1 の例にもありましたが，人間には本来「自分でできることは自分でしたい」というたくましい心理的欲求があります。この欲求は第 1 反抗期である 3 歳前後にかけて顕著に現われます。

　この時期の幼児は，ペットボトルのジュースを自分のコップに注げるようになると，それが楽しくて積極的に自分でしようとします。また，自分で靴がはけるようになると，何とかひとりではこうと努力します。そしてジュースがうまく注げたり，靴が何とかはけたりすると満面に笑みを浮かべ，"すごいでしょう" と自慢しているかのようにこちらを見つめてきます。母親が微笑みながら「よくできたわね」といって抱きしめてあげると，とってもうれしそうにします。

　ただ，こうした課題では，ペットボトルは子どもが扱えるくらいの小さなものにする，靴はできるだけはきやすいものを準備する，さらにはジュースを飲むまであるいは靴がはけるまでそれなりの時間を取って待てるようにする，といったように子どもが適度な努力で成功できるようにお膳立てをすることが大切です。

　こうした機会を通して，子どもは自分でできることは自分で行い，それが達成されると達成感や有能感を覚え，その積み重ねによって効力感が生まれます。

　もっと幼いころには，何でもやればできる（ようになる）という万能感をもっていますが，これはやがて消えていきます。そして成長とともに実際に自分で何かができたという経験を通して，客観的な有能感を形成するようになります。そして有能感が蓄積され効力感が生まれれば，無気力になりにくい下地はできたといえるでしょう。

　発達の過程では，幼児期初期の万能感は，やがて客観的な有能感の蓄積によって形成される効力感に置き換わります。万能感はいつまでも続かないことを理解しておいてください。

（2）成功経験をたくさん積もう

　成長すると興味関心が広がるとともにひとつのことを深く知りたいという気持ちも高まります。いわゆる知的好奇心と有能さへの欲求が強くなるのです。それにともない子どもは，いろいろなことを知ろうとしたり，難しそうなことに挑戦しようとしたり，さらには他者の援助をよしとせずひとりで物事を達成しようとしたりします。これは人間の成長にとってとても大事なことです。

　子どもがやりたいことは基本的にやらせるようにして，多くのことで成功体験をもたせましょう。もちろん，ときには失敗をすることもあります。失敗したら，もっとがんばればうまくできるようになる，ということを学ばせましょう。

　ただ，簡単にできるものだけに固執するようであれば，失敗を恐れる気持ちが形成されている可能性があります。失敗から学びさらに成長できることを教えながら，失敗が連続しないようにサポートすること，そして見守ることも大切です。努力すればできるという経験をうまく積み重ねられるようにしましょう。

（3）「努力すれば能力は伸びる」と考えよう

　勉強が苦手な子どもは，ちょっとした課題が解けなくても「自分は能力がないから」「自分は頭が悪いから」といって，能力がないからどんなに努力

しても解けない，という意味の理由づけをします。能力は固定的なもので自分ではコントロールできないものとして（固定的能力観の立場から）とらえられています。

　ただ，そうした子どもの様子をよく見ていると，もう少しがんばれば解けるのに，と思えることが多いのも事実です。しかし当の子どもは簡単に努力を放棄してしまいます。とっても“もったいない”ことです。

　課題が解けない原因を，自分では“コントロールできない”能力（不足）に求めるから，無力感や絶望感が生まれ，そして無気力になってしまうのです。そのような場合には「能力は自分でコントロールできる」と発想を転換すれば，無気力にはならないはずです。

　それではどのようにしてコントロールができるのかといえば，努力によってコントロールができるのです。これは可変的能力観に基づく考え方になります。Part 2とPart 6ですでに紹介しましたが，とても重要な考え方ですので，もう一度おさらいをします。

　◇学習面でも対人関係面でも失敗は努力不足に帰属しよう

　“努力によって能力が伸びる”と考えられるようになれば，学習場面での失敗の原因を能力不足よりは努力不足に帰属するようになります。そして努力が実るように学習をすれば，つぎの同じような場面では成功できるでしょうし，たとえもう少しのところで失敗しても，さらに努力をすればクリアできると考えられます。学習場面での失敗を努力不足に帰属するように習慣づけられると無気力の予防になります。

　一方，対人関係場面ではどうでしょうか。自分でコントロールできない原因としてよく挙げられるのは「自分の性格の悪さ」や「自分の容姿の悪さ」のようです。自分の性格や容姿は簡単には変えられないものと考えられるため，それらが原因でいじめられた場合には自分ではどうしようもないと思い，無力感や絶望感を感じ無気力になることが多いわけです。

　これらについては如何ともしがたいように思います。こうした要因以外のものに原因が求められるようになればよいのですが，それは難しいでしょうか。私も妙案は浮かびません。それゆえ対人関係のトラブルではまず信頼で

きる他者の援助を要請することが望ましいでしょう。

　ただしもし可能であれば，トラブルの原因を自分の努力不足ととらえられ
れば学習場面同様，さらなる努力で一定の改善が望めるように思います。ま
た自分の対人関係スキルの不足が原因であるととらえられれば，努力によっ
てそれも改善できますので，無気力にはなりにくいといえます。

　いずれの場面でも失敗の原因をできるだけ努力に帰属し，うまく努力する
ことでその難局を乗り越えることができたという経験をもつようにするとよ
いでしょう。

　◇セルフ・コンパッションを高めよう

　とはいえ，そうした努力がうまくできない自分をみじめに思うこともある
かもしれません。あるいは"なんてダメな人間だろう"と思うこともあるか
もしれません。でも人間はだれでも弱点や欠点はあります。努力して少しず
つダメな面が改善できればよいのではないでしょうか。

　こうしたネガティブな気持ちになったときに，それを解消するとてもよい
方法があります。セルフ・コンパッションを高めて対処する方法です。櫻井
（2019, 2020b）にそって説明します。

　セルフ・コンパッション（self-compassion）とは，単語の成り立ちから
考えると，セルフ（自己に対する）とコンパッション（思いやり，同情）の
合成語で，日本語では「自分へのやさしさ」「自己への慈しみ」などと訳さ
れます。しかしわが国の心理学ではカタカナ書きで使うことが多いようで
す。

　Neff（2011）や有光（2014）によると，セルフ・コンパッションとは「苦
痛や心配を経験したときに，自分に対する思いやりの気持ちをもち，そうし
たネガティブな経験を人間に共通のものと認識し，苦痛に満ちた考えや感情
がバランスがとれた状態になること」と定義されます。簡単にいえば，自分
にやさしく接して本来の自分を取り戻し保つこと，になるかと思います。こ
のようなことができるようになると，おそらくは静かに勇気が湧いてくるこ
とでしょう。

　セルフ・コンパッションは3つの要素で構成されます。それらは，①自分

へのやさしさ，②共通の人間性，③マインドフルネスです。

　中心的な要素である「自分へのやさしさ」は，他人にやさしくするのと同じように自分にもやさしくすることで，より具体的にいえば，友人や家族の者にたとえ大きな短所があったとしても，私たちはその友人や家族を嫌いにはならないように，自分の短所も受け入れて自分にやさしくすることです。

　「共通の人間性」は，たとえば，人間は誰でも失敗することがある，人間は誰でも他者のことに思いが及ばないときがある，といったような信念を人間の共通性として認識することです。人間はある意味弱い存在なので，こうしたことを認めることで自分にやさしくなれます。

　「マインドフルネス」とは，いまのネガティブな感情や思考にとらわれず目の前の大事なことに集中すること，より具体的にいえば，いまの経験に対してイライラしたり自分を否定的にとらえたりしたままで判断せず，いまのそうした感情や考えを受けとめ，目の前の大事なことに集中することです。たとえば，大きな失敗やとてもいやな経験をした場合でも，それにともなうネガティブな気持ちや考えを受けとめ，その出来事に集中して対処すること，ではないでしょうか。

　セルフ・コンパッションの効果は，自分にやさしくなれるほかに，①他者を思いやれる（共感性が高まる）ようになる，②幸福感，自尊感情，人生満足度が高まる，③先延ばしをしなくなる，④完璧主義（櫻井, 2019 参照）が改善される，などが挙げられています。

　こうしたセルフ・コンパッションはどのように高めることができるのでしょうか。その方法について 3 つ紹介します。

　ネガティブな感情や思考が生じたとき（たとえば，大事なテストで悪い点を取り，自分を否定したくなったり苦しくなったりしたとき）には，①セルフ・コンパッション・フレーズ（「今の私は心に苦しみを感じている」「自分の苦しみは特別なものではない（人間に共通だ）」「私は自分にやさしくできる」）を唱えること，②セルフ・ハギングをすること（自分を抱きしめること：セルフ・ハギングをするとオキシトシン〔愛情を深めたり心の癒しをもたらしたりするホルモン〕が分泌され，安心安全の感覚が増して苦しみが和

らげられ，ストレスも低減されます），③コンフォートカードに記入すること（うまくできなかった自分にイライラしたり否定的になったりしたときに，その内容を茶色のカードに記入し，それに対するやさしいことばや励ましのことばをカラフルなカードに記入する），があります。

◇うまく努力するためにメタ認知を有効に使おう

本題に戻ります。とくに学習面で失敗したとき，いくらその原因を努力不足に帰属させても，うまく努力できなければ，次回も失敗することになります。そうしないためには，効果的に努力をする必要があります。

そのひとつとして，最近注目されているのが「自己調整学習」です。これについてはPart 6で詳しく説明しましたので，そちらも参照してください。

小学校高学年くらいになるとメタ認知が発達してきますので，自己調整学習が可能となります。ただし，自分にあった自己調整学習を展開するには，自分の長所や短所，適性さらには学習環境（たとえば，きょうだいと同じ部屋である，パソコンが使用できる）などを理解して，それらに適した学習法を用いる必要があります。また，学習の最後に行う振り返り（自己評価）も大事です。

◇うまく激励しよう

激励の仕方について私の研究（桜井，1991）を紹介します。対象は小学生，中学生，そして大学生でした。教師の激励の仕方が子どものやる気と教師の印象にどのような影響を与えるかをアンケート調査で明らかにしました。

結果はとてもクリアで，すべての対象者で同じ結果が得られました。算数

あるいは数学が苦手な子どもに対して教師が、「本当は能力があるのだから
もっと努力しなさい」と激励するほうが、「努力不足だからもっと努力しな
さい」と激励するよりも、算数や数学への意欲（好き、自信など）が高ま
り、教師に対する印象も良好となりました。

　この研究では2つの激励の仕方を比べていますので、努力不足だから努力
をしなさい、という激励の仕方が悪いというわけではありません。ただ、そ
の効果を比較すると、本当は能力があるのだから努力をすればよくなる、と
いう潜在的な能力を根拠にした激励のほうが優れているということです。こ
の考え方はさきに紹介した“努力によって能力は伸びる”あるいは表現を変
えて“能力は努力で伸びる”という考え方と一脈通じるものがあると思いま
すが、いかがでしょうか。

　日本人は自分の能力の高低を気にする傾向が強いようです。それゆえ、潜
在的な能力はあるのだから、それが開花するようにがんばれ、という激励の
仕方は日本人に適した方法であるとも考えられます。また、この方法では教
師に対して好印象ももつため、教師の激励をはじめ応援、助言なども有効に
はたらくことが期待できます。

　こうした激励の仕方で、子どもがやる気をだして有能感や効力感が高まる
のであれば、教師としては願ったり叶ったりです。教師だけでなく親でも同
じ効果が期待できると思われます。

（4）中学生のころからは自分の中核となる有能感（効力感）をもとう

　これまでの研究（たとえばまとめとして、櫻井、2009）によると、学習に
関する全般的な有能感は小学生から中学生にかけて低下することが見出され
ています。効力感が有能感の積み重ねによって形成されるとするならば、効
力感も有能感と同様の傾向がみられるものと予想できます。この傾向は欧米
ではもっと顕著なようです。

　じつは、子どもは成長とともに興味関心が限定されるようになります。幼
少期はいろいろなこと・ものに興味関心をもち、それらにつぎつぎと挑戦し
ますが、やがてそうした挑戦を続けるなかで、子どもは自分がとくに興味関

心があるものを見出し，夢中になり，深く追求するようになるのです。

　その結果，中学生までには自分がとくに興味関心のあるものが明らかになり，それに深く関わった結果としてそれが得意になります。"好きこそものの上手なれ"といいますが，興味をもった好きなものに深く関わることで，それが得意になるのです。ただ，いろいろなこと・ものに対する興味関心（拡散的好奇心）がなくなるわけではありませんので，ご安心ください。

　さて，こうした過程を経て，小学生から中学生にかけて"学習全般"に対する有能感は低下します。しかし，特定の教科や領域に関する有能感は高まるあるいは維持されますので，それを中核にした有能感へと変わっていきます。中核となる有能感があれば，全般的な有能感が下がっても心配する必要はありません。

　自分の将来を考える際には，興味関心があり得意なことがあれば，それを中心にして仕事を見つけたり，世の中に貢献できることを探したりすることが容易になります。将来の目標や人生の目標を設定するという点でも，中学生くらいになったら，興味関心があり得意な教科や領域がもてるようになるとよいでしょう。

（5）コーピング・スキルを身につけよう

　学習面や仕事面あるいは対人関係面でのネガティブな事態にうまく対処するにはコーピング・スキル（対処スキル）が必要です。こうしたスキルをもっていれば，いざというときにも何とかなると思えるため，日々安心して過ごすことができます。また，万が一そうした事態になったとしても余裕をもって対処できるでしょう。対処できるという思いは一種の効力感です。

　それでは，コーピング・スキルとしてはどのようなことを習得すればよいのでしょうか。

　まずは他者に援助を依頼する際に必要な「コミュニケーションスキル」の習得が大事です。どんなに工夫しても自分ひとりの力では学習や仕事がうまく進まなくなったときに必要なのは，他者の援助ではないでしょうか。他者の援助を得るには，対処できない学習や仕事の内容を的確に説明し，どうし

たらよいかを具体的にたずねる必要があります。こうしたスキル，そしてさらにはこちらの理解が進まないときにさらに質問をするスキルも重要となります。

　なお，ネガティブな事態に対処するにはそれなりの時間がかかるかもしれません。根気強く対処するには，自分に合った気晴らしをすることもひとつの方法であると思われます。好きなカフェで美味しいコーヒーを飲む，好きな音楽を聴く，などの気晴らしのスキルを身につけておくと粘り強くがんばれるでしょう。

　また，広い意味でのコーピング・スキルとしては，ネガティブな事態がもたらすメリットや価値を考えられることも素晴らしいです。これができれば，その事態に対処できると同時に，自分の成長も期待できます。ネガティブな面に圧倒されるのではなく，ポジティブな面にも気づけることで視野が広がり，新たな発見をするかもしれません。

（6）完璧主義，公的自己意識，評価懸念には注意しよう

　Part 3 で，無気力になりやすい性格や志向性を取り上げました。そのなかで，公的自己意識，評価懸念そして完璧主義（表6-3参照）は，いずれも他者の目を気にする傾向が強いことで共通しています。

　こうした性格や志向性の高い人が他者の目を気にするのは，自分の価値や有能さが他者の評価によって決まると思っているからです。そして他者に援助を求めることは自分には価値がないこと，自分が無能であることを相手にさらけだすことになると考えます。そのため，他者への援助要請ができにくかったりします。

　こうした他者の目を気にする傾向を減じるには，信頼できる対人関係を築くことが第一です。これについては後に登場する，2.「他者との信頼関係を築く」のところで詳しく説明します。

（7）"免疫力"をつけよう

　私たちは"とても大変"な事態に遭遇しそれを何とか解決できた経験をも

つと，のちに起きる "とても大変" あるいはそれ以下の大変な事態では「あのときのことを考えれば今回は何とかなるはずだ！」と余裕をもって対処できるようになります。これは一種の "免疫力" であり，効力感にもつながります。

　ここでは "とても大変" な事態に遭遇しろ，といっているわけではありません。しかし私たちの人生では結構早い時期にそうした体験をする人は多いのではないでしょうか。

　私にとっては大学時代のアメリカ留学が，そうした体験のひとつとなりました。40年以上も前の話です。留学を決めたのは私自身ですから，当然どんなに大変なことが生じても自分で対処しなければならないと覚悟はしていました。しかし，それは予想を越える大変な体験ではじまりました。

　私は長野生まれの長野育ちです。アメリカ留学まで長野近辺を離れることがありませんでした。もちろん，飛行機に乗ったことは一度もありません。そんな私が "井の中の蛙" になりたくないという思いから，意を決し広い世界に飛びだそうと留学を決めたのです。

　さて，当時の私は英語もろくに話せませんでした。さらに話すよりも聞くほうが苦手で，外国人に何とかたずねることはできても，相手の回答を理解することが大変でした。ただ，生まれながらに人当たりがよかったので，はじめて会うのがアメリカ人であっても，かわいがってもらえたように思います。私もジェスチャーを交えて意思の疎通を図る努力をしました。

　まず成田空港からロスの空港にジャンボ機で飛びました。飛行機に乗るのははじめての経験で興奮しました。いまはないパンナムの飛行機でした。当時のアルバムを見ますと，とても素敵な日本人CAさんとツーショットの写真を撮っていました。

　ロスの空港では，留学生をサポートしてくれるボランティアの人に来てもらうようにお願いしていましたので助かりました。長野の旅行代理店で予約したホテルが取れていなかったのです。夏のハイシーズンではそうしたこともあるのだそうですが，こちらはもうビックリ，そしてハラハラ！　でもボランティアの人のサポートで当時とても有名なホテルに宿泊することができ

ました。はじめてトラベラーズチェックで支払いましたが，かなりの額となりました。初日はこんな状況で慌ただしく終わりました。

　翌日は留学先のカンザス大学に向かったのですが，ロスからカンザスシティへ飛び，そこからは小さなプロペラ機で田舎の大学町ローレンスまで飛びました。小型機には4名くらいしか乗っていませんでした。超低空飛行で感激しましたが，恐ろしくもありました。

　カンザスシティの空港ではスーツケースをローレンスまでの小型機に積む時間がなかったため，からだ一つで小型機に乗りこみローレンスに向かいました。とても小さなローレンス空港では，大学の留学生課の人が迎えにきていました。飛行機で一緒だったもう一人の留学生とともに学生寮まで送ってもらいました。当時でも，アメリカの大学の留学システムはとても充実していたように思います。いまの日本はどうなのでしょうか。

　ただ，まだ学生寮がはじまっていなかったので，仮部屋に2泊しました。寝具はなかったので，大学のユニオンまで行って小さな毛布を買い，夜の寒さをしのぎました。食事もてないので，往復1時間以上もかけてもっとも近いと聞いたレストランまで通いました。難儀なことではありましたが2泊でしたので，何とかなったように思います。

　その後は，学生寮が開いて何とか生活がはじまりました。ただはじめての経験が多く，やさしいアメリカ人の友人や留学生に支えられながら何とか過ごせました。

　いま思い返すと，アメリカ留学はネガティブな事態が多くスリルに富んだ１年でしたが，それでも最終的にはそうした難事を乗り越え，有意義な留学になったといえます。

　この留学のおかげで帰国後は，「英語がろくに話せなくてもアメリカにわたり，何とか自分の力で生活ができた。日本ではどんなことが起ころうと，きっと自分の力で対処できる」という思いが生まれました。そしてその後は自信をもって生きてこられたように思います。

　ということで，とても大変な経験はその後の大変な事態への対処を容易にしてくれるといえるでしょう。

（8）"井の中の蛙"には気をつけよう

　井の中の蛙（大海を知らず），というフレーズがすでに登場しましたが，これにも気をつける必要があります。簡単にいえば，世間知らずになるな，ということです。

　先日，ある国立大学附属中学校の教員を対象にリモートで講演をしました。そのときのことをお話しします。

　講演後に質疑応答があったのですが，１年生を担当するひとりの先生から「うちのクラスには無気力の子が多くて悩ましいのですが，どのように対処すればよいでしょうか」という質問を受けました。別の先生からも「私も困っています」という声が上がりました。

　世間知らずの私は，"附属中学校の生徒さんはみんなよくできるから入学しているだろうに，どうして無気力になるのか"という疑問が浮かび，合点がいきませんでした。それでも本書で説明したような対応策をお話しして質問にお答えしました。

　質疑応答の後に知人とその話をしていて，やっと合点がいきました。当該附属中学の１年生は，小学校ではトップクラスの生徒さんばかりです。希望が叶って難関校である附属中学校に入学してみると，クラスメイトは同じように小学校ではトップクラスの実力者ばかりであり，そのなかでトップになることは至難の業だったのです。彼らはいままでのようにトップになれない

153

ことにショックを受けて無気力になったようです。

　私は高校に入学したとき，このような無力感や劣等感を感じ一時無気力になりましたが，附属のような優秀な学校に入学する場合には早くも中学校の段階で同じようなことが生じることを知りました。

　世間は広いので，狭いなかでトップであっても，広いなかではトップになれないことは比較的よくあることだと思います。私のある友人も地方の小学校では成績がトップクラスだったのですが，東京に引っ越して銀座のど真ん中の中学校に転校してみるとミドルクラス以下だった，と当時のことを話していました。

　こうしたことにどう対処すればよいかは人それぞれでしょう。しかしこうした状況もあることを知っておいたほうが対処はうまくできると思います。

　中国のことわざには「鶏口となるも牛後となるなかれ」というのがあります。このこととも関係します。小さなグループのなかでトップにいたほうが，大きなグループのなかでボトムにいるよりもよい，ということだと思いますが，あなたはどう考えるでしょうか。大きなグループに入って，そのときはボトムにいても，自分の潜在的な能力を信じてがんばれるほうがよいと考える人もいるかもしれませんね。

（9）バンデューラ先生による効力感を育てる4つのポイントとは

　効力感あるいはセルフ・エフィカシーといえば，すぐに思いつくのがバンデューラ（Bandura, A.）大先生です。彼がこの概念を提唱し，すぐれた研究を発表してきました（たとえば，Bandura, 1997 参照）。その彼による効力感を育てる4つのポイントを紹介し，本セクションを締めくくります。

　効力感を高めるには，第一に，直接的な成功経験をもつことがもっとも効果的だとしています。

　二番めには，代理的な成功経験を挙げています。たとえば，友達が成功するのを見て自分もできそうだと思う，というようなことです。この場合，友達が自分と似た境遇である，学力が同じくらいだ，同僚である，といったように自分と類似した面があると自分でもできるのではないか，とより強く思

うようになります。

　三番めは，ことばによる説得です。たとえば，信頼している教師に「君な
らできる」と説得され自分もできると思う，というようなことです。さきに
も説明したとおり，信頼している他者，この場合は教師ですが，そうした人
に説得されると自分でもいっそうできそうだと思うようになります。

　最後は，情緒的な覚醒です。たとえば，朝からよいことが続き気持ちが高
揚していて，この課題もやればできると思う，というようなことです。気持
ちが高揚していたり，気分がよかったりした場合，やればできそうだと思え
ます。

　都合4つ挙げましたが，二番めと四番めについては新たな指摘です。これ
らも利用する価値がありそうです。

2．他者との信頼関係を築く

　他者との信頼関係があれば，いざというときに助けてもらえます。また，
助けてもらえることがわかっているため，ネガティブな事態に遭遇してもそ
の嫌悪度や脅威度は低く評価されます。それゆえ冷静にも対処できます。

　さらに平時でも相談に乗ってもらい，ネガティブな事態への対処スキルや
効力感も高めることができるでしょう。

　他者との信頼関係は，おもに幼少期に形成される安定したアタッチメント
や思いやりの気持ちをベースに築かれることが多いでしょう。

（1）安定したアタッチメントを築こう

　幼少期に主たる養育者（多くは母親）との間に，安定したアタッチメント
を形成することは，その後に他者との信頼関係を形成する際のベースとなり
ます。

　安定したアタッチメントのなかには認知的な要素（「内的ワーキングモデ
ル」といいます）として，①他者（最初は主たる養育者である母親）は信頼
できる，そして②自分は他者から愛されている，という思いが入っていま

す。こうした思いを子どもがもつことが重要です。

　主たる養育者に対する信頼感は幼少期に形成され，やがて信頼できる養育者の周囲にいる人も同様に信頼できる人と理解され，より多くの他者に信頼感は広がっていきます。ただししっかりした信頼感の形成は，実際にその他者とつきあってみてからになるでしょう。

　安定したアタッチメントが幼少期に形成されない場合には，その後出会う他者との間に形成されれば大丈夫です。もちろん，幼少期に形成されたほうがよいのですが，その後でもリペアできます。また，何らかの事情で幼少期に安定したアタッチメントの形成に失敗した母親（主たる養育者）でも，その後に自分で関わり方を改善したり，周囲の援助を受けたりして子どもへの愛情を取り戻せば，安定したアタッチメントの再形成は可能です。安心して対応してください。

（2）困っている他者を助けよう

　幼少期に安定したアタッチメントを築くことで，他者への信頼感のベースはできますが，個々の他者に対する現実的な信頼感の形成には，実際につきあってみて大丈夫だという実感が必要でしょう。そのためには，自分からそうした他者に関わり，援助が求められたときには援助をする，援助が必要でも我慢しているようなときには相手の気持ちを察して援助をしてあげる，さらに自分への援助が必要なときには自分からその他者に援助を求める，とい

うようなつきあい方のなかで形成されます。これまで信頼感といってきましたが，実際には一方的な信頼感ではなく，相手も自分に信頼感をもつ"信頼関係"であることがより望ましいといえるでしょう。

このように考えると，ほんとうに信頼できる他者をもつには，自分から他者に対して思いやりのある気持ちをもって接し，困っているときには相談に乗ってあげたり，実際に助けたりすることも必要です。思いやりの気持ちについては拙著『思いやりの力』（櫻井, 2020b）も参考にしてください。

なお，他者を助けることによって，自分には他者を助けられる力があるということで，自己有用感あるいは社会的有能感（a sense of social competence）を感じることができます。こうした認知や感情は，対人関係面での効力感（social efficacy）につながります。

さらに，他者を助けることを広くとらえると，ひとつの課題をグループの人が協力して解決するような課題解決場面でも，他者に対する信頼感や信頼関係は形成されるでしょう。こうした点については拙著『学びの「エンゲージメント」』（櫻井, 2020a）を参考にしてください。

結局のところ，他者との信頼関係は，相手の立場に立って助けたり，その相手から助けられたりすること，すなわち「助け合い」や，ひとつのもの・ことを成しとげるためにお互いに力を出し合うこと，すなわち「協力」によって培われるといえるでしょう。

3．自ら目標が設定できるようにする

自分で目標がもてるようになるには，相談できる相手がいること，最初は身近な目標からはじめて徐々に長期の目標である将来や人生の目標へと難易度を上げていくことが重要でしょう。

（1）まずは信頼できる他者に相談しよう

自分では目標設定がうまくできない，とくに苦手という人は，信頼できる他者に協力してもらい目標がもてるようにしましょう。

学習に関する目標の場合には，親や教師あるいは気心が知れたクラスメイトに相談するとよいでしょう。仕事の場合には上司から目標が課されることが多いのですが，自分で目標が決められる裁量権があるようならば，上司あるいは同僚と相談して決めるとよいでしょう。とくに仕事の場合には，自分一人で進められるものと同僚らと協力して進めるものがありますので，相談がかならず必要という場面もでてくるでしょう。

将来の目標や人生の目標，それにともなう中期の目標（たとえば，大学受験の志望校の決定など）の設定では，人生の先輩である親や教師さらには仲のよい友人に相談するとよいと思います。長期の目標の設定についてはあとで述べますが，自分のことをよく知る必要があります。そのためには他者と話したり適性検査を受けたりして，客観的に自分を知るように心がけましょう。

（2）はじめは**身近な目標**をもつようにしよう

身近な目標については固く考えず気軽に設定すればよいでしょう。目標が達成できなかった場合はその目標を修正し再トライすれば大丈夫です。自己調整学習（図6-1参照）あるいは私が提唱している「自ら学ぶ意欲のプロセスモデル」（図3-5参照）でも同様ですが，自分の学習をうまくコントロールして達成へと導くには，まずは目標を設定することが第一歩です。学習経験を積み重ねるうちに，自分に合った目標設定ができるようになります。

一般には70〜80％くらいの確率で達成できるような目標を設定するとよいでしょう。努力しないで達成できるような目標ではやりがいが感じられませんので，ご注意ください。

（3）自分を知って長期の目標をもとう

人間の成長・発達の過程を学ぶことは，人間を知るという点でとても大事です。「発達心理学」を学んだことがない方はこの機会にぜひ学んでみてください。

私が編集に携わった『スタンダード 発達心理学』（櫻井・佐藤, 2013）は，

人間の発達を胎生期（子どもがお腹にいる時期）から老年期まで体系的に扱っています。しかもやさしく説明されていますので，発達心理学をはじめて学ぶ方には最適だと思います。

　なぜここで発達のことを話題にしたかというと，それが長期の目標である将来の目標や人生の目標を考えるときにとても大事になるからです。

〔子どもの場合〕

　子どもは小学校高学年くらいになると思春期を迎えます。男子は夢精，女子は初潮がありこれまでの自分とは違うことを実感します。そしてそんな自分は何者なのかと，自分に興味関心をもつようになります。知的には大人と同様，あるいは生真面目という点ではそれ以上に抽象的あるいは論理的な思考ができるようになりますので，この思考力を用いて自分を分析します。自分の分析能力では足りないと思うときは，親や教師あるいは友人から情報を得て，自分をできるだけ客観的にとらえるようになります。

　やがて自分の将来についても考えが及ぶようになります。小学校低学年くらいまでは憧れが中心の夢のような将来目標（たとえば，世界一のパティシエになりたい）だったものが，自分の長所・短所，適性などを考慮して実現可能性の高い将来の目標や人生の目標（たとえば，お父さんのような和菓子職人になりたい）を設定できるようになります。

　もちろん，まだ自分をとらえたり，社会のことをとらえたりする力は未熟ですので，設定された目標は修正が必要となるでしょう。また，かなり大ま

かな目標であることも多いのですが，この時期はそれで大丈夫です。

その後，大人の意見や友人の意見を聞きながら，高校生や大学生になるころには「こうした職業に就きたい」「こうした人生を歩みたい」と，具体的でより実現可能な目標がもてるようになります。そして就職試験に臨んだり，大学や大学院を受験したりして目標の達成をめざしてがんばります。

周囲の大人はこうした発達の様相をよく理解していて，子どもの目標設定を支援することが重要です。目標を決めるのは本人ですが，人生の先輩としてのアドバイスは貴重です。

〔大人の場合〕

また大人になって，将来の目標や人生の目標を修正したり再設定したりしてがんばろうということも多いでしょう。人生100年時代を迎え，退職後も将来や人生の目標をもっていきいきと生活している人もよく見かけます。

こうした目標はいつでも修正可能です。あるいは当初の目標が達成されたので，つぎの目標を設定したいということもあるでしょう。状況に応じて，適宜目標を設定することが大事です。

私も65歳となり高齢者の仲間入りをしました。すでに退職していますが，この何年かは，これまでの研究をまとめて著書として刊行したいという目標をもち，がんばってきました。目標は本書の刊行でほぼ叶えられそうです。

そこで，つぎの将来目標を設定したいと考えています。子どもが好きなので，幼い子どもの成長をサポートするような仕事（ボランティア）をしてみたいと思っています。まずはどんなボランティアがあるかをリサーチし，候補を絞り，よく考えて決めます。

もちろん体力や知力の衰えはありますので，現役のときのようにはがんばらないことが重要だと思っています。

（4）遂行目標よりも熟達目標をもつようにしよう

どんな目標でも，遂行目標よりは熟達目標をもつほうが無気力にはなりにくいといえます。できるだけ熟達目標をもつようにしましょう（Part 3 参

照）。

　遂行目標は他者と競争して勝って自分が有能であることを示そうという目標です。一方，熟達目標はおもにいままでの自分を基準にしてそのレベルよりも成長して有能になりたいという目標です。たしかに，一般論としては熟達目標のほうが好ましいと思いますが，この２つの目標をうまく使い分けることも可能です。つぎのように対応してはどうでしょうか。

　自分が得意なもの（たとえば，数学という教科，営業という仕事），ということは潜在的な能力が高いと予想されるものについては，遂行目標によって自分を磨くことをめざしましょう。自分から他者と競うのであれば，たとえ負けたとしても外部から強いられて競う場合とは違い屈辱感はそれほど感じないと思います。素直に負けを認め，切磋琢磨すればつぎは勝てると思えるのではないでしょうか。

　一方，自分が苦手なもの，ということは潜在的な能力が低いと予想されるものについては，他者との競争をしても勝てる見込みは低いでしょうから，自分の過去の成績等を勘案しそれを超える適度な目標を自ら設定して，その達成をめざし自分がより成長するように努力するとよいでしょう。

　私の場合も，高校時代にはこのようなやり方で目標を設定しました。比較的得意な数学Ⅱでは他者と競い，苦手な数学Ⅲでは文系志望でしたので，それなりの点を取って少しでもできるようになればよいと考えました。高校生になれば，自分の潜在的な能力の高さをほぼ正確に予測できますので，こうしたやり方でも大丈夫でしょう。

4．心身の健康に留意する

　平素から心身の健康に留意することも，無気力を予防するには重要なことです。心身ともに健康であれば，ストレッサーやネガティブな事態に粘り強く対処できます。すぐに無気力になることは避けられるでしょう。また，身体的に健康であれば無気力からの回復も早いことが期待できます。

（1）適度な運動と休息をとろう

　心身の健康を維持したり増進したりするには，適度な運動と休息が必要です。“運動は苦手”という人もいると思いますが，それはおそらく小学校からの義務教育で，すべての種類の運動をそつなくこなすように強いられてきたからではないでしょうか。スポーツ万能という子も結構いますので，苦手な子にとっては相当苦痛であったと共感します。

　ただし子どもの場合には，そうすることによってからだの構造・機能や運動能力が発達することが期待できますので，理にかなった指導であったようにも判断できます。

　でも，大学生以上になれば，自分が好きな運動を一生続けられるほうが大事であると私は考えます。

　コロナ禍以前の私は，週に2回程度スポーツジムに通い，ランニングマシーンで走ったり，簡単な筋肉トレーニングをしたりしていました。これらのスポーツは好きなので，十分汗をかき，シャワーを浴びると気分がすっきりしました。

　また，休息は自分流にとればよいでしょう。仕事で疲れたとき，スポーツジムに行くことが心の休息になる人もいます。その後はしっかり睡眠がとれるということで，一挙両得だそうです。

　私は自宅の近くにある立派なお屋敷町を散歩することが心の休息になって

います。きれいな庭木を見たり，行き交う人の様子を観察したりして心を開放しています。もちろん，そうした日はよく眠れますので，身体的にもよい休息になると実感しています。

（2）スマホの使い方に気をつけよう

　スマホの功罪，とくに“罪”のほうは Part 3 で述べました。“功”のほうは自明であり，これからの社会でよりよく生きるには欠かせないツールといえるでしょう。

　現在のようなコロナ禍では，COCOA などのアプリによって感染を拡大させないため，ワクチンの接種を効率的に行うためなどにもとても役立っていると思います。

　しかし，スマホに自分がコントロールされてしまい，スマホのことがいつも気になって手放せず，四六時中対応している状況では心身ともに疲弊してしまいます。眠れなくなったり，イライラしたり，もちろん無気力になったりすることも多いでしょう。

　スマホにコントロールされるのではなく，自分の意志でコントロールして有効に使うことを心がけてください。電車のなかでずっとスマホに夢中になっている人をよく見かけますが，それが気晴らしてあったり，有用な情報の交換になったりしているのであればよいのですが，何となくスマホを見ている，すなわちスマホに依存しているようならば要注意です。

（3）ストレス・マネジメント教育を受けよう

　現在，小・中・高等学校のなかには，児童・生徒がストレスにうまく対処できるようにという願いから「ストレス・マネジメント教育」を行っているところがあります。

　ストレッサーにうまく対処するには，それ相応のスキルを習得しておくことが望ましいでしょう。ストレッサーに自分の力では対処できないときに他者に援助を要請するスキル，気晴らしなどリラクゼーションをもたらすスキル，いやなことが起きてもそれを解決することによって新たな価値に気づく

スキルなどを習得するとよいでしょう。

　こうした教育は，実施される学校，地域，子どもの特徴に配慮して，柔軟に行うことが必要です。ずいぶん前のことですが，私は竹中（1996）や坂野（2004）などによってストレス・マネジメントあるいはストレス・マネジメント教育について学びました。子どもへの対応や親御さんへの対応でとても役立ちました。

　いま，コロナ禍でいやなことや困ったことが多くなり，子どもの自殺者が増えているようです。こうしたときにこそ，ストレス・マネジメント教育は必要不可欠であると感じています。

　また，大人でもストレス・マネジメントについて習得しておくことは，自分のためにも，そして同僚や部下のため，さらには家族のためにも有益だと思います。

（4）高齢者には若者との交流もよい

　これまでは子どもや若者，中高年の人を中心に無気力の予防策について説明してきました。ここでは高齢者の無気力の予防策について説明します。

　高齢者は年齢の点から，一般的には将来の目標や夢がもちにくく，体力・身体能力・知力が衰え活力も低下するため，無気力になりやすい状況にあります。もちろん個人差がありますので，高齢でもとても元気で目標や夢をもちいきいきと生活されている人もいます。

　人生経験や職業経験が豊かで，自由な時間も確保しやすいので，それらをいかしたボランティアをする人も多いようです。教師を長くした人であれば，学童保育でのボランティアなどをしています。

　なかには，退職前の仕事と同じような仕事はしたくない，という人もいるでしょう。そうした人のなかには，いま現在興味関心のあること，あるいはいままでは仕事が忙しくてできなかったことをしたいと専門学校に入り，新たな仕事に就くあるいはそうしたボランティアをする人もいます。それもとても素敵だと思います。

　私はすでに退職し，これまでの専門をいかして大学で非常勤講師をしてい

ます。これは大学の先生としては常道でしょう。そのほかにはすでに述べたとおり，これまでの研究をまとめて本にしています。もちろんこうしたことが私の元気のみなもとにもなっていますが，もうひとつ，若い人たちとの研究会やその後の飲み会も大切な元気のみなもとです。

　高齢者同士は心情が理解しやすいということから，コロナ禍になる前には高齢者と飲み会をすることが多くありました。それももちろんよいのですが，どうしても愚痴のこぼし合いになる可能性が高いです。

　一方，若い人たちとの飲み会はとても元気になれます。飲み会ではなく趣味の集まりなどでももちろん大丈夫です。若い人のエネルギーが伝わってきて元気になれるのです。研究会では若い人の発表を聞いてこれまでの経験からアドバイスができることも多く，自分が役立っているという自己有用感も高まります。

　もっと元気になりたい高齢者には若い人たちとの交流をおすすめします。

■引用文献

有光興記（2014）．セルフ・コンパッション尺度日本語版の作成と信頼性，妥当性の検討　心理学研究, *85*, 50-59.

Bandura, A. (1997). *Self-efficacy: The exercise of control.* New York, NY: Freeman.

Neff, K. D. (2011). *Self-compassion: Stop beating yourself up and leave insecurity behind.* New York, NY: William Morris. クリスティーン・ネフ（著）石村郁夫・樫村正美（訳）（2014）．セルフ・コンパッション——あるがままの自分を受け入れる　金剛出版

坂野雄二（監修）嶋田洋徳・鈴木伸一（編著）（2004）．学校, 職場, 地域におけるストレスマネジメント実践マニュアル　北大路書房

桜井茂男（1991）．子どもの動機づけに及ぼす教師の激励の効果　心理学研究, *62*, 31-38.

櫻井茂男（2009）．自ら学ぶ意欲の心理学——キャリア発達の視点を加えて　有斐閣

櫻井茂男（2019）．完璧を求める心理——自分や相手がラクになる対処法　金子書房

櫻井茂男（2020a）．学びの「エンゲージメント」——主体的に学習に取り組む態度の評価と育て方　図書文化社

櫻井茂男（2020b）．思いやりの力——共感と心の健康　新曜社

櫻井茂男・佐藤有耕（編）（2013）．スタンダード 発達心理学　サイエンス社

竹中晃二（編著）（1996）．子どものためのストレス・マネジメント教育——対症療法から予防措置への転換　北大路書房

あとがき

　読者のみなさん，本書を最後まで読んでいただけましたでしょうか。読んでいただけたのであれば，著者としてこれほどうれしいことはありません。ありがとうございます。

　ここで少し本書執筆の経緯について紹介します。

　私が大学院に入学して最初に手がけた研究は，「内発的動機づけ」，いわゆる興味関心によって自ら学ぼうとする意欲についての研究でした。当時はアメリカ・ロチェスター大学のデシ先生（のちに私の恩師となられる先生）が発見した「内発的動機づけは，ごほうびなどの外的報酬によって低下する」という"アンダーマイニング現象"について，どのような条件で起こるのかがさかんに検討されていました。私もこの研究に従事し，一定の成果をあげました。

　大学院の後半からは，内発的動機づけとは真逆の「無気力」に関心をもつようになりました。「まえがき」に書いたように，高校時代から無気力には関心があったのですが，その関心がさらに強くなり研究に着手しました。当時は精神医学や臨床心理学の分野で，無気力と関係が深い抑うつやうつ病の研究がさかんになっていましたので，それらにも刺激されました。大学院を修了してからも少しずつ研究を続けてきました。

　そしてこのたび，縁あってそうした研究成果を含め無気力について一般の人にも読んでもらえる本を刊行することができました。これまでに，やる気や学習意欲についての一般向けの本はたびたび執筆してきました。しかし無気力については，研究論文は何回も発表しましたが，一般にも向けた本はこれがはじめてです。

　その理由は明らかで，平易にまとめることが難しいと思っていたからです。ただし，無気力の本を広く一般の人向けにも執筆することの重要性は常に感じていました。近年はとても多くの人たちが無気力を経験されています。もちろん私もそのひとりです。さらに1年半あまり前からのコロナ禍は

それを助長しています。それゆえ，無気力の人たちやそうした人たちの身近にいる人に，無気力をどのようにとらえ，どのように対処すればよいのかをわかりやすくお伝えすることは，動機づけ研究者の喫緊の課題だと強く認識するようになりました。

　こうした趣旨がどの程度実現できたかはわかりませんが，本書が刊行できとてもありがたく思っています。

　執筆には1年もの時間を要しました。草稿は，新型コロナウイルス感染症拡大が本格化した昨年の5月に書き始め，変異株が猛威をふるいはじめた今年の5月に完成しました。Part 2の原因論の執筆にやや梃子摺りましたが，それを乗り越えると嘘のように筆が進みました。

　本書が無事出版できましたのは，多くの方々のご支援のおかげです。

　妻の登世子と息子の祐輔には，日々あたたかく支えてもらいました。また，お名前は挙げませんが，大学院時代からの研究仲間にもお世話になりました。こうした方々に心より感謝を申し上げます。

　そして，本書の出版をご快諾いただきました金子書房の金子紀子社長，執筆内容について貴重なコメントをいただきました金子書房編集部の渡部淳子さんに感謝申し上げます。渡部さんには前著『完璧を求める心理——自分や相手がラクになる対処法』に続き二冊めの編集をお願いしましたが，的確なサポートによって上梓することができました。

　最後に，本書が無気力の研究の進展に何がしかの貢献ができたのであれば，研究者としてまことにうれしく思います。また，無気力に悩まれている方々に少しでもお役に立てたのであれば大変光栄に存じます。

　無気力はかならず乗り越えられます。こころから応援しています。

令和3（2021）年10月　新型コロナウイルス感染症の早期収束を祈りながら

著　者

索　引

櫻井茂男　さくらい しげお

1956 年長野県生まれ。

筑波大学大学院心理学研究科（博士課程）心理学専攻修了。奈良教育大学助教授，筑波大学心理学系助教授，同人間系教授などを経て，現在，筑波大学名誉教授。教育学博士。学校心理士。

著書に，『学習意欲の心理学——自ら学ぶ子どもを育てる』（誠信書房，1997 年），『自ら学ぶ意欲の心理学——キャリア発達の視点を加えて』（有斐閣，2009 年），『スタンダード 発達心理学』（共編，サイエンス社，2013 年），『子どものこころ——児童心理学入門 新版』（共著，有斐閣，2014 年），『自律的な学習意欲の心理学——自ら学ぶことは，こんなに素晴らしい』（誠信書房，2017 年），『自ら学ぶ子ども—— 4 つの心理的欲求を生かして学習意欲をはぐくむ』（図書文化社，2019 年），『完璧を求める心理——自分や相手がラクになる対処法』（金子書房，2019 年），『学びの「エンゲージメント」——主体的に学習に取り組む態度の評価と育て方』（図書文化社，2020 年），『思いやりの力——共感と心の健康』（新曜社，2020 年），『たのしく学べる乳幼児のこころと発達』（編著，福村出版，2021 年），『実践につながる教育心理学　改訂版』（監修，北樹出版，2021 年）など多数。

無気力から立ち直る
「もうダメだ」と思っているあなたへ

2021 年 12 月 25 日　初版第 1 刷発行　　　　検印省略

著　者　　櫻井茂男

発行者　　金子紀子

発行所 株式会社 金子書房

〒112-0012 東京都文京区大塚 3-3-7
TEL03-3941-0111〔代〕／FAX03-3941-0163
振替 00180-9-103376
URL　https://www.kanekoshobo.co.jp

印刷　藤原印刷株式会社
製本　一色製本株式会社

完璧を求める心理　自分や相手がラクになる対処法

櫻井茂男 著

定価　本体 2,200 円 + 税

完璧にこだわりすぎるために困っている自分や他者とより上手につきあうには，そしてそれをうまくいかし学習や仕事に好成績をもたらすには，どうすればよいか

グループディスカッション　心理学から考える活性化の方法

西口利文・植村善太郎・伊藤崇達 著

定価　本体 2,400 円 + 税

グループ学習等の学習場面，会議・打ち合わせなどのビジネス場面，そして日常的な家族での話し合いまで，本当に求めている結論にたどりつけるためのプロセスとは

ピア・ラーニング
学びあいの心理学

中谷素之・伊藤崇達 編著

定価　本体 2,600 円 + 税

内発的動機づけと自律的動機づけ
教育心理学の神話を問い直す

速水敏彦 著

定価　本体 3,500 円 + 税

子どもの気質・パーソナリティの発達心理学

水野里恵 著

定価　本体 1,800 円 + 税

子どもの社会的な心の発達
コミュニケーションのめばえと深まり

林　創 著

定価　本体 2,200 円 + 税

共有する子育て
沖縄多良間島のアロマザリングに学ぶ

根ケ山光一・外山紀子・宮内　洋 編著

定価　本体 2,500 円 + 税